Dios, sexo y matrimonio

Dios, sexo y matrimonio

Johann Christoph Arnold

Plough Publishing House

Publicado por Plough Publishing House
Walden, Nueva York
Robertsbridge, Inglaterra
Elsmore, Australia
www.plough.com

Título de la primera edición en español: *Un llamado a la pureza* (2000, 2004). Título original en inglés: *Sex, God, and Marriage (3ª edición)*. Traducido del inglés por Hugo Zorrilla C., 2014. Las citas bíblicas son de la versión Nueva Versión Internacional, de lo contrario se indicará la fuente. Las palabras del Papa Benedicto XVI que aparecen en la portada son un extracto de una carta personal que él le escribió al autor en diciembre de 1995. Fotografía de la portada: © Corbis.com.

Edición primera, *Sexo, Dios, y matrimonio,* 2014: ISBN 978-0-87486-801-2
Edición segunda, *Dios, sexo, y matrimonio,* 2015: ISBN 978-0-87486-641-4

Un registro de este libro está disponible en el catálogo
de la Biblioteca Británica.
 La Biblioteca del Congreso ha catálogado la previa edición: Arnold, Johann Christoph, 1940-

[Sex, God, and Marriage. Spanish]
Sexo, dios y matrimonio / Johann Christoph Arnold.
  pages cm
 ISBN 978-0-87486-801-2 (pbk.)
 1. Sex--Religious aspects--Christianity. 2. Marriage--Religious aspects--Christianity. 3. Marriage--Religious aspects--Bruderhof Communities. 4. Bruderhof Communities--Doctrines. I. Title.
 BT708.A7518 2013
 248.4'897--dc23

2013039918

A mi fiel esposa Verena, sin cuya ayuda
este libro no hubiera sido posible.

Índice

El autor y su esposa con la Madre Teresa

Prólogo

por la Madre Teresa de Calcuta

15 de noviembre de 1995

En este libro encontramos un mensaje que es muy necesario hoy en día en cada parte del mundo. Ser puro, permanecer puro, viene solo con un precio: el precio de conocer a Dios y amarle lo suficiente para hacer su voluntad. Él nos dará siempre la fuerza que necesitamos para guardar la pureza como algo hermoso para Dios. La pureza es el fruto de la oración. Si las familias oran juntas, ellas permanecerán en unidad y pureza; además, se amarán entre sí como Dios ama a cada uno de sus miembros. Un corazón puro es portador del amor de Dios, y donde hay amor hay unidad, gozo y paz. Oremos. Dios les bendiga.

M. Teresa, MC

Introducción

HOY EN TODAS PARTES las personas buscan relaciones duraderas y significativas. El mito del amor libre continúa siendo para millones de personas algo que se da por sentado, y una nueva generación de hombres y mujeres jóvenes ha aceptado la creencia que la libertad sexual es la clave para su realización. Pero, así como las personas desesperadamente quieren creer en la revolución sexual de las últimas décadas, es claro para muchas de ellas que algo ha ido terriblemente mal. En lugar de traer libertad, «la liberación sexual» ha dejado incontables almas heridas y solitarias. Y mientras enfrentamos esta gran angustia a nuestro alrededor, es más importante que nunca para todos nosotros, jóvenes y adultos mayores, considerar la dirección de nuestras vidas y preguntarnos hacia dónde nos dirigimos.

El siglo XXI anuncia la pérdida de las enseñanzas claras del Nuevo Testamento acerca del matrimonio y la relación entre los sexos. Nos hemos vuelto contra Dios y nos hemos rebelado contra su orden de la creación, y hemos justificado nuestra rebelión con argumentos humanos. Hemos ignorado las palabras de Jesús y despreciado la voz del espíritu. Pero no hemos encontrado libertad ni tampoco realización personal.

Como pastor he aconsejado a muchas personas a través de los años, tanto solteras como casadas. Para muchas de ellas la esfera sexual no es un área de placer sino de frustración, confusión e incluso desesperación. La gente busca vivir en unidad de corazón y de alma unos con otros, pero está tan ciega por la noción del amor romántico que su anhelo más profundo permanece oculto. Tal vez sabe que la unión sexual en el matrimonio es un don de Dios, que debe ser la relación más íntima y gratificante que un hombre y una mujer pueden compartir. Pero se preguntan por qué todo ello ha llegado a ser fuente de tanta soledad y dolor para ellos y para tantos.

No soy un científico social. Pero si los logros de los estudios recientes han dejado algo en claro es esto: la precipitación causada por la aceptación de nuestra cultura de sexo ocasional es socialmente devastadora. Más de la mitad de todos los matrimonios en Estados Unidos se malogran. Casi el cuarenta por ciento de los niños estadounidenses viven en casas diferentes que la de sus padres biológicos. Pobreza, crimen violento, delincuencia, promiscuidad, pornografía, alcohol y abuso de drogas, enfermedades mentales y suicidio están todos enraizados en el derrumbamiento de la familia y en la erosión de los vínculos matrimoniales.

Al mismo tiempo, aquellas personas que se guardan de tener actividad sexual hasta el matrimonio (aunque su número está disminuyendo) tienen mucha menos probabilidad de tener un amorío o divorcio, y quienes se comprometen con una pareja para toda la vida llevan vidas muy felices.[1]

Mientras que las tendencias en boga apuntan a una continua descomposición, existen señales alentadoras de que las personas están dispuestas a poner en duda las emociones de sexo barato y la aparente facilidad de un amor sin compromiso. Hay un anhelo creciente entre los jóvenes por encontrar relaciones genuinas y por construir hogares seguros, dando esperanza renovada de que aún es posible la familia entre un hombre y una mujer.

Muchas veces he visto que cuando las personas están dispuestas a rendir su vida a Jesús, son capaces de encontrar la salida de su infelicidad. Una vez que las personas tienen el coraje y la humildad de prestar atención a su llamada al arrepentimiento —a convertirse— él puede traerles libertad y felicidad duraderas.

Jesús trae una verdadera revolución. Él es la fuente original del amor, porque él es el amor mismo. Su enseñanza no es un asunto de mojigatería ni de permisividad: Él ofrece a sus seguidores un camino enteramente diferente. Él trae una pureza que nos libera del pecado y guía a la posibilidad a una vida completamente nueva.

Hay muy poco en la cultura de hoy que nutra o proteja la vida nueva que Jesús quiere darnos. La gente habla acerca de la importancia de relaciones con sentido, de matrimonios comprometidos y vida familiar saludable, pero ¿cuántos de nosotros sabemos qué hacer para lograr que estos valores se hagan una realidad concreta? Muchos de nosotros estamos tentados a culpar a la sociedad por las influencias que nos corrompen. Pero ¿qué de nosotros así llamados cristianos? ¿Cuántos de nosotros estamos listos para dejar de ver televisión y mirar seriamente a nuestro propio matrimonio, nuestras relaciones y nuestra vida personal? ¿Cuántos en realidad apoyamos a aquellos alrededor nuestro en su diaria lucha por la pureza? ¿Cuántos de nosotros ponemos nuestras manos en el asador para confrontar el pecado en la vida de los demás? ¿Cuántos de nosotros realmente somos responsables?

Hay un inmenso dolor entre aquellos que dicen ser seguidores de Cristo: familias separadas, esposas golpeadas, niños abusados y relaciones pecaminosas. Incluso, en lugar de un clamor, existe indiferencia. ¿Cuándo despertaremos y reconoceremos que nuestra apatía nos está destruyendo?

Más que nunca necesitamos regresar a una comprensión de la iglesia como un cuerpo viviente de miembros comprometidos que comparten la vida en hechos prácticos de amor. Pero debemos comenzar primero con nosotros mismos y luego ver dónde podemos animar a aquellos alrededor de nosotros. Necesitamos conocer a nuestros jóvenes lo suficiente bien para ser capaces de guiarlos cuando ellos, mientras tanto, buscan relaciones y compromisos para toda la vida. Necesitamos proveer constante apoyo para los matrimonios alrededor de nosotros. Necesitamos trabajar para sanar a nuestros hermanos y hermanas cuando tropiezan o caen —y aceptar su ayuda cuando nosotros mismos hayamos caído—.

Sobre todo, debemos mostrar al mundo que las extraordinarias enseñanzas de Jesús y sus apóstoles son la única respuesta al espíritu de nuestro tiempo. Por esto es que he escrito este libro. No soy un erudito bíblico ni un profesional terapeuta y estoy plenamente con- sciente que mucho de lo que he escrito es completamente opuesto a la opinión popular. Pero en verdad siento la urgente necesidad de compartir que la llamada de Jesús a una vida de amor, pureza, honestidad y compromiso es nuestra única esperanza.

Este no es solo un libro personal; sale de la vida de la comunidad eclesial que yo sirvo, y todo en él refleja las preocupaciones y experiencias de sus miembros. Mi esperanza es que todos nosotros —todos los hombres y mujeres de nuestro tiempo— podamos detenernos a considerar el designio de Dios para el sexo y el matrimonio.

Tristemente, demasiadas personas hoy han simplemente renunciado a la posibilidad de una vida pura. Ellas se han entregado al mito de «la liberación sexual» y tratan de vivir con sus decepciones, y cuando sus relaciones se derrumban, entonces tratan de aclarar sus fracasos. Fallan al no ver qué formidable don es la pureza.

A pesar de todo, creo que en lo profundo de cada corazón hay un anhelo por relaciones limpias y por un amor que perdura. Exige coraje y autodisciplina vivir de manera diferente, pero es posible. Dondequiera que haya una iglesia fiel —una comunidad de personas que están comprometidas a vivir en relaciones genuinas y honestas— existe ayuda y esperanza para cada persona y para cada matrimonio. Que este libro dé a cada lector esa fe.

Johann Christoph Arnold

En el principio

I

A imagen de Dios

Y Dios dijo: «Hagamos al ser humano a nuestra imagen y semejanza. Que tenga dominio sobre los peces del mar, y sobre las aves del cielo; sobre los animales domésticos, sobre los animales salvajes, y sobre todos los reptiles que se arrastran por el suelo.» Y Dios creó al ser humano a su imagen; lo creó a imagen de Dios. Hombre y mujer los creó, y los bendijo con estas palabras: «Sean fructíferos y multiplíquense; llenen la tierra y sométanla; dominen a los peces del mar y a las aves del cielo, y a todos los reptiles que se arrastran por el suelo».

Génesis 1:26–28

EN EL CAPÍTULO DE APERTURA de la historia de la creación leemos que Dios creó al ser humano —varón y mujer— a su misma imagen, y que él los bendijo y les ordenó que fueran fructíferos y cuidaran la tierra. Desde el mismo principio, Dios se muestra a sí mismo como el creador «y Dios consideró que esto era bueno». Aquí, exactamente en el comienzo de la Biblia, Dios nos revela su corazón. Aquí descubrimos el plan de Dios para nuestra vida.

Muchos cristianos modernos, si no la mayoría, descartan la historia de la creación como un mito. Otros insisten que solo la estricta, la más literal interpretación de Génesis es válida. Yo simplemente tengo reverencia por la palabra de la Biblia como ella es. Por un lado, yo no pensaría en argumentar algo en ella; y por otro lado, creo que los descubrimientos científicos nos previenen a no tomar demasiado literalmente el relato de la creación. Como Pedro dice: «Para el Señor un día es como mil años, y mil años como un día» (2 Pe 3:8).

La imagen de Dios nos coloca aparte

Exactamente cómo fueron creados los seres humanos es un misterio que permanece para que solo el creador lo revele. Sin embargo, estoy seguro de una cosa: ninguna persona puede encontrar sentido o propósito sin Dios. En lugar de descartar la historia de la creación sencillamente porque no la entendemos, necesitamos encontrar su interior, su verdadero sentido, y redescubrir su significado para nosotros hoy.

En nuestra época depravada, la reverencia para el plan de Dios como se describe en Génesis está casi completamente perdida. No atesoramos lo suficiente el sentido de la creación —el significado de ambos hombre y mujer como criaturas formadas a la imagen y semejanza de Dios—. Esta semejanza nos separa de manera especial del resto de la creación y hace sagrada cada vida humana (Gn 9:6).

Ver la vida de otra manera —por ejemplo, ver a otros solo a la luz de su utilidad, y no como Dios los ve— es despreciar su valía y su dignidad.

¿Qué significa ser creados «a imagen de Dios»? Significa que nosotros tenemos que ser una estampa viviente de quién es Dios. Significa que tenemos que ser sus colaboradores, que avanzan su obra de crear y nutrir la vida.

Significa que le pertenecemos a él, y que nuestro ser, nuestra misma existencia, siempre debe permanecer relacionada con él y ligada a su autoridad. En el momento en que nosotros mismos nos separamos de Dios perdemos perspectiva de nuestro propósito aquí en la tierra.

En el libro del Génesis leemos que tenemos el espíritu viviente de Dios: «Y Dios el Señor formó al hombre del polvo de la tierra, y sopló en su nariz hálito de vida, y el hombre se convirtió en un ser viviente» (Gn 2:7). Al darnos su espíritu, Dios nos hizo seres responsables porque poseemos la libertad para pensar y actuar, y hacerlo así en el amor.

Pero aun si poseemos un espíritu viviente, solo permanecemos imágenes del creador. Y cuando miramos a la creación de la manera centrada en Dios, no centrada en el ser humano, entenderemos nuestro verdadero lugar en su orden divino de cosas. La persona que niega que Dios es su origen, que niega que Dios es una realidad viviente en su vida, pronto estará perdida en un terrible vacío. Finalmente, se encontrará a sí misma atrapada en la auto-idolatría que trae consigo auto-desprecio y un desprecio por la valía de otros.

Todos anhelamos lo que es imperecedero

¿Qué hubiera sido si Dios no hubiera soplado su aliento en nosotros? Toda la teoría de la evolución de Darwin, por sí misma, es peligrosa e inútil porque no es teocéntrica. Algo dentro de cada uno de nosotros grita contra la idea que hemos sido incubados por un universo sin propósito. En lo profundo del espíritu humano existe una sed por lo que es perdurable e imperecedero.

Como hemos sido hechos a la imagen de Dios, y Dios es eterno, nosotros no podemos, al final de la vida simplemente desaparecer de nuevo como el humo. Nuestra vida está enraizada en la eternidad. Christoph Blumhardt escribe: «Nuestra vida lleva la marca de la eternidad, del Dios eterno quien nos creó a su imagen. Él no quiere que seamos tragados en lo que es transitorio, sino que nos llama a lo que es eterno».[2]

Dios ha colocado la eternidad en nuestro corazón, y bien profundo dentro de nosotros existe un anhelo por la eternidad. Cuando negamos esto y vivimos solo para el presente, todo lo que nos pase en la vida permanecerá encubierto en rompecabezas atormentadores, y permaneceremos profundamente insatisfechos. Esto es especialmente cierto en el área sexual. El sexo ocasional profana el anhelo del alma y su capacidad por lo que es eterno. Ninguna persona, ningún arreglo humano, nunca puede llenar esta ansiedad de nuestra alma.

La voz de la eternidad habla más directamente a nuestra conciencia. Por consiguiente, la conciencia es quizás el más profundo elemento en nosotros. Ella nos advierte, alienta y ordena en la tarea que Dios nos ha dado (Rom 2:14–16). Y cada vez que el alma está herida, nuestra conciencia nos hace ser dolorosamente conscientes de ello. Si escuchamos a nuestra conciencia, ella nos puede guiar. Cuando estamos separados de Dios, sin embargo, nuestra conciencia titubea y se extravía. Esto es cierto no solo en un individuo, sino también en un matrimonio.

Ya en Génesis 2 leímos acerca de la importancia del matrimonio. Cuando Dios creó a Adán, expresó que todo lo que había hecho era bueno. Entonces él creó a la mujer para ser una ayuda idónea y una compañera para el hombre, porque Dios vio que no era bueno para el hombre estar solo. Este es un profundo misterio: hombre y mujer —lo masculino y lo femenino— pertenecen juntos como una imagen de quién es Dios, y ambos pueden encontrarse en él. Juntos, ellos llegan a ser lo que no pueden ser separados ni solos.

Todo lo creado por Dios nos da una percepción de su naturaleza: poderosas montañas, inmensos océanos, ríos y grandes extensiones de agua; tormentas, truenos y relámpagos, enormes témpanos de hielo; praderas, flores, árboles y helechos. Hay poder, rudeza y valor, pero también hay mansedumbre, maternidad y delicadeza. Y así como las varias formas de vida en la naturaleza no existen cada una por su cuenta, los hijos de Dios tampoco, varón y mujer, existen solos. Ellos son diferentes, pero ambos son hechos a la imagen de Dios, y ellos se necesitan mutuamente para cumplir cada uno su verdadero destino.

Cuando la imagen de Dios es estropeada, las relaciones de la vida pierden propósito

Es una tragedia que en mucho de la sociedad de hoy la diferencia entre un hombre y una mujer es borrosa y distorsionada. La imagen pura y natural de Dios ha sido destruida. Hay un sinfín de conversaciones acerca de la igualdad de la mujer, pero en la práctica las mujeres son abusadas y explotadas mucho más que nunca. En las películas, la televisión, las revistas y las carteleras de cine la mujer ideal (y cada vez más el hombre ideal) es rctratada como un mero objeto sexual.

Generalmente hablando, los matrimonios en nuestra sociedad ya no son considerados más como sagrados. Ellos son vistos crecientemente como experimentos o como contratos entre dos personas que miden todo en función de sus propios intereses. Cuando el matrimonio falla, existe la opción del «divorcio sin culpas», y después de eso un nuevo intento de matrimonio con otra persona como compañera. Muchas personas ni siquiera se molestan ya más en hacer promesas de fidelidad; ellas solo viven juntas. Las mujeres que crían hijos o permanecen casadas con el mismo esposo son algunas veces despreciadas. E incluso cuando su matrimonio es saludable, ellas son a menudo vistas como víctimas de opresión y quienes necesitan ser «rescatadas» de la dominación del varón.

Frecuentemente, los niños ya no son atesorados. En el libro del Génesis, Dios ordenó: «Sean fructíferos y multiplíquense». Hoy en día evitamos la «carga» de la prole no deseada por medio de abortos legalizados. Los niños son vistos como una molestia; ellos salen demasiado caros para traerlos al mundo, para criarlos, para darles una educación universitaria. Son una carga económica en nuestra vida materialista. Incluso son demasiado demandantes como para amarlos.

¿Debería sorprendernos que tantas personas en nuestro tiempo hayan perdido la esperanza, que tantas personas hayan renunciado a la posibilidad de un amor duradero? La vida ha perdido sus valores; ha llegado a ser barata. La mayoría de las personas ya no la ven como un don de Dios. Los avances en ingeniería biomédica y en las técnicas de selección de fetos hacen posible a un número creciente de parejas escoger un aborto por razones egoístas. Sin Dios, la vida es absurda, y solamente hay oscuridad y la herida profunda de estar separados de él.

A pesar de los esfuerzos de muchos individuos dedicados, la iglesia hoy ha fallado completamente al luchar con esta situación. Más todavía, cada uno de nosotros tiene que regresar al principio y preguntarse una vez más: «¿Por qué Dios crea al hombre y a la mujer en primer lugar?» Dios creó a cada persona a su imagen, y él ha establecido una tarea específica para cada hombre, mujer y niño en esta tierra, una tarea que él espera que la cumplamos. Nadie puede hacer caso omiso del propósito de Dios para su creación o para sí mismo sin sufrir una necesidad interior profunda (Sal 7:14–16).

El materialismo de nuestro tiempo ha vaciado la vida de propósito moral y espiritual. Nos separa los unos de los otros y nos estorba para ver el mundo con respeto y admiración y para ver nuestra verdadera tarea. La enfermedad del alma y del espíritu causada por el consumismo ha calado tan profundamente en nuestra conciencia que ya no es posible mirar claramente lo bueno y lo malo. Sin embargo, aún existe una necesidad profundamente arraigada en cada uno de nosotros que nos hace anhelar lo que es bueno y correcto.

Encontraremos salud solo si creemos firmemente que Dios nos creó y que él es el dador de la vida, el amor y la misericordia. Como leemos en el tercer capítulo del Evangelio de Juan: «Porque tanto amó Dios al mundo, que dio a su Hijo unigénito, para que todo el que cree en él no se pierda, sino que tenga vida eterna. Dios no envió a su Hijo al mundo para condenar al mundo, sino para salvarlo por medio de él» (Jn 3:16–17).

En el Hijo de Dios —en Jesús— la imagen del creador aparece con suma claridad y fuerza (Col 1:15). Como imagen perfecta de Dios, y como la única senda al Padre, él nos trae vida y unidad, gozo y cumplimiento. Solamente cuando nuestra vida es vivida en él podemos experimentar su verdad y bondad, y solo en él podemos encontrar nuestro verdadero destino. Este destino es ser imagen de Dios: dominar sobre la tierra en su espíritu, el cual es el creativo, espíritu de amor, dador de vida.

2

No es bueno
que el hombre esté solo

Luego Dios el Señor dijo: «No es bueno que el hombre esté solo. Voy a hacerle una ayuda adecuada. . . .» Entonces Dios el Señor hizo que el hombre cayera en un sueño profundo y, mientras éste dormía, le sacó una costilla y le cerró la herida. De la costilla que le había quitado al hombre, Dios el Señor hizo una mujer y se la presentó al hombre, el cual exclamó: «Ésta sí es hueso de mis huesos y carne de mi carne. Se llamará "mujer" porque del hombre fue sacada».

Génesis 2:18, 21–23

POCAS COSAS SON tan difíciles de sobrellevar para una persona como la soledad. Los prisioneros detenidos en encierro solitario manifiestan su alegría cuando ven aunque sea una araña —por lo menos es *algo* vivo—. Dios nos ha creado para vivir en comunidades. Sin embargo, nuestro mundo moderno está espantosamente desprovisto de relaciones. En muchas áreas de la vida, el progreso tecnológico ha resultado en el deterioro de la comunidad. Cada vez más la tecnología ha hecho que las personas parezcan innecesarias.

A medida que las personas mayores son colocadas en comunidades de adultos mayores o en hogares de cuidado personal; mientras que los obreros en las fábricas son reemplazados por robots de alta tecnología; a medida que los jóvenes, hombres y mujeres, buscan en vano un empleo que valga la pena, todos ellos caen en el círculo de la desesperanza. Algunos dependen de la ayuda de un terapista o psicólogo, y otros buscan vías de escape tales como el alcohol, las drogas y el suicidio. Separados de Dios y los unos de los otros, miles de personas llevan una vida de silenciosa desesperación.

Vivir en aislamiento, bien sea externamente o internamente, puede llevar a perder toda esperanza. Thomas Merton escribe:

> La desesperación es el extremo absoluto de egoísmo. Llega cuando una persona da la espalda deliberadamente a toda ayuda de alguien para gustar del lujo podrido de saber por sí mismo que está perdido. . . .
>
> La desesperación es el último desarrollo de un orgullo tan grande y cuellierguido que escoge la absoluta miseria de condenación en lugar de aceptar la felicidad de las manos de Dios y, en consecuencia, de reconocer que él está por encima nuestro y que no somos capaces por nosotros mismos de alcanzar nuestro destino.
>
> Pero una persona que es verdaderamente humilde no puede desesperarse, porque en una persona humilde no hay más cosa alguna como la autocompasión.[3]

Vemos aquí que el orgullo es una maldición que guía a la muerte. La humildad, sin embargo, lleva al amor. El amor es el don más grande dado a los seres humanos; es nuestra verdadera llamada. Es el «sí» a la vida, el «sí» a la comunidad. Solo él llena el anhelo de lo más íntimo de nuestro ser.

Dios nos creó para vivir con y para otros

Dios ha plantado en cada uno de nosotros un anhelo instintivo para lograr una más cercana semejanza a él, un anhelo que nos impulsa hacia el amor, la comunidad y la unidad. En su última oración, Jesús señala la importancia de este anhelo: «No ruego sólo por éstos. Ruego también por los que han de creer en mí por el mensaje de ellos, para que todos sean uno. Padre, así como tú estás en mí y yo en ti, permite que ellos también estén en nosotros, para que el mundo crea que tú me has enviado» (Jn 17:20–21).

Nadie puede en realidad vivir sin amor: es la voluntad de Dios para cada persona que sea el «tú» para las demás. Cada persona es llamada a amar y ayudar a aquellos a su alrededor de parte de Dios (Gn 4:8–10).

Dios desea que nosotros encontremos comunidad unos con otros y que nos ayudemos unos a otros en el amor. Y no hay duda que cuando encontramos lo más íntimo del corazón de nuestro hermano o hermana, podemos ayudarlos, pues «nuestra» ayuda es dada por Dios mismo. Como dice Juan: «Nosotros sabemos que hemos pasado de la muerte a la vida porque amamos a nuestros hermanos. El que no ama permanece en la muerte» (1 Jn 3:14). Nuestra vida está realizada solo cuando el amor está encendido, comprobado y es llevado a su perfección.

Jesús nos dice que los dos más importantes mandamientos son amar a Dios con todo nuestro corazón, nuestra alma y nuestra fuerza, y amar a nuestro prójimo como a nosotros mismos. Y estos dos mandamientos no se pueden separar: amar a Dios debe significar siempre amar al prójimo de uno. No podemos encontrar una relación con Dios si despreciamos a otros (1 Jn 4:19–21). Nuestro camino hacia Dios tiene que ser a través de nuestros hermanos y hermanas, y en el matrimonio a través de nuestro cónyuge.

Si estamos llenos del amor de Dios, nunca estaremos solitarios o apartados por mucho tiempo; siempre encontraremos a alguien para salir a su encuentro. Dios y nuestro prójimo siempre estarán cerca a nosotros. Todo lo que necesitamos hacer es encontrarlos. Hace poco un joven en mi comunidad compartió conmigo su alegría recientemente descubierta al salir al encuentro de los otros. John ha estado viviendo en Baltimore haciendo trabajo voluntario, construyendo casas para los desvalidos. Él pensó que esto sería suficiente. Sin embargo, cuando regresó a casa al final del día él no supo qué hacer:

> Encontré que me estaba consumiendo a mí mismo frente a la televisión. Mi gusto por la vida se estaba acabando rápidamente. Entonces alguien me habló de un programa de tutoría por las noches para niños pobres en los barrios céntricos de la ciudad. Estaban desesperados buscando ayuda. Así que decidí mirar el asunto. Ahora ayudo cada noche. No puedo creer cómo mi perspectiva de la vida ha cambiado. Nunca antes supe cuánto necesitaba amar a estos niños.

Cuando sufrimos de soledad, ello es a menudo simplemente porque estamos enfocados en nosotros mismos; deseamos ser amados en lugar de dar amor. La felicidad real viene de dar amor a otros. Necesitamos buscar una comunidad de amor con nuestros vecinos una y otra vez, y en esta búsqueda cada uno de nosotros debe llegar a ser una ayuda, un hermano o una hermana. Pidamos a Dios que libere por medio de este amor nuestro corazón agarrotado, sabiendo que nosotros podemos encontrarlo solamente en la humildad de la cruz.

Cada persona puede ser un instrumento del amor de Dios

En la historia de la creación de Adán y Eva es claro que el hombre y la mujer fueron creados para ayudarse, apoyarse y complementarse el uno al otro. ¡Qué gozo tuvo que haber sido para Dios dar la mujer al hombre, y el hombre a la mujer! Porque todos hemos sido hechos a imagen de Dios, a su semejanza, todos podemos encontrarnos los unos a los otros en gozo y amor, bien sea que estemos casados o no.

Al traer a Eva a Adán, Dios les muestra a todos los humanos su verdadero llamado: ser colaboradores que revelan el amor de Dios al mundo. Y al traernos su hijo, Jesús, él nos muestra que nunca nos dejará solos o sin ayuda. Jesús mismo dijo: «No los dejaré huérfanos; vendré a ustedes. Dentro de poco, el mundo no me verá más; pero ustedes me verán; y porque yo vivo, ustedes también vivirán. En aquel día ustedes sabrán que yo estoy en mi Padre, y que ustedes están en mí, y que yo estoy en ustedes. El que tiene mis mandamientos, y los obedece, ése es el que me ama; y el que me ama, será amado por mi Padre, y yo lo amaré, y me manifestaré a él» (Jn 14:18–21; RVC).

¿Quién puede entender la profundidad de estas palabras y la esperanza que ellas traen a nuestro mundo afligido? Las personas más solitarias, más desanimadas, más desilusionadas pueden estar seguras que Dios nunca las abandonará. De hecho, si ellas no son capaces de encontrar amistad humana, nunca estarán solas mientras se aferren a Dios.

Dios puso a Adán y Eva juntos para sanar su soledad y para hacerlos libres de su propia visión parcial, y él tiene el mismo plan para cada hombre y cada mujer que él llama juntos en matrimonio. Con todo, el matrimonio por sí mismo no puede traer integridad. A no ser que permanezcamos en Cristo, no llevaremos buen fruto. Cuando lo amamos a él que es nuestro único apoyo, nuestra esperanza y nuestra vida, podemos estar seguros de conocernos y amarnos uno al otro. Pero si nos aislamos de Cristo, nada irá bien. Solo él sostiene todas las cosas juntas y nos da acceso a Dios y a los demás (Col 1:17–20).

Dios es la fuente y el objeto de verdadero amor

El matrimonio no es la más alta meta en la vida. La imagen de Dios se refleja con más brillantez y más completamente donde hay amor, primero a él y luego a nuestros hermanos y hermanas. En un verdadero matrimonio cristiano, entonces, el esposo guiará a su esposa e hijos no a sí mismo, sino a Dios. De la misma manera, la esposa apoyará a su esposo como una colaboradora, y juntos criarán a sus hijos para que les honren a ellos como padre y madre, y para que amen a Dios como su creador.

El ser colaborador del otro en el nombre de Dios no es solo una obligación, sino un don. ¡Cuán diferentes serían nuestras relaciones si redescubriéramos esto! Vivimos en tiempos en los que el temor y la desconfianza nos atenazan dondequiera que vamos. ¿Dónde está el amor, el amor que edifica la comunidad y la iglesia?

Existen dos clases de amor. Uno está orientado generosamente hacia los otros y su bienestar. El otro es posesivo y limitado al ego. San Agustín dice: «El amor es el yo del alma, la mano del alma. Cuando agarra una cosa, no puede agarrar nada más. Si se trata de agarrar lo que uno le da, tiene que soltar lo que está agarrando».[4] El amor de Dios no desea nada. Él mismo se da y se sacrifica, pues ése es su gozo.

El amor siempre tiene sus raíces en Dios. «Nosotros amamos a Dios porque él nos amó primero» (1 Jn 4:19). Que Dios nos conceda que el poder de su amor nos toque de un modo nuevo. Nos guiará a otros, para compartir nuestra vida con ellos. Más que eso, nos guiará al reino. El amor es el secreto del reino de Dios que viene.

3

Y serán una sola carne

*Esto es porqué un hombre deja a su padre y a su
madre y está unido a su esposa, y los dos se funden
en un solo ser.*

Génesis 2:24

EL MATRIMONIO ES SAGRADO. En el Antiguo
Testamento, los profetas lo usaron para describir la relación de Dios con su pueblo Israel: «Yo te haré mi esposa
para siempre, y te daré como dote el derecho y la justicia,
el amor y la compasión. Te daré como dote mi fidelidad, y entonces conocerás al Señor» (Os 2:19, 20). Dios
revela su amor a todas las personas de una manera especial en el vínculo único entre esposo y esposa.

El matrimonio es más que vivir felizmente juntos

En el Nuevo Testamento el matrimonio es usado como
símbolo de la unidad de Cristo con su iglesia. En el
Evangelio de Juan, Jesús es comparado con un novio, y
en el Apocalipsis leemos que «ya ha llegado el día de las
bodas del Cordero. Su novia se ha preparado» (Ap 19:7).

No es un hecho secundario que Jesús haya cambiado
el agua en vino en unas bodas; claramente, él tiene gran
gozo en el matrimonio. Sin embargo, es igualmente
claro que para Jesús el matrimonio es un asunto santo.

Él lo toma tan seriamente que él habla con inflexible rigor aún contra el paso más leve hacia su destrucción: «Por tanto, lo que Dios ha unido, que no lo separe el hombre» (Mt 19:6).

Nosotros podemos ver desde la aguda mirada de Jesús qué terrible es el adulterio a los ojos de Dios. Toda la Biblia protesta contra ello, desde el libro de los profetas, donde el culto idolátrico de los hijos de Israel es llamado adulterio (Jer 13:25–17), hasta el Apocalipsis, donde leemos de la ira de Dios contra la prostituta. Cuando el vínculo del matrimonio es roto, el amor —la unidad de espíritu y alma entre hombre y mujer— también es roto y aplastado, y no solo entre la persona adúltera y su cónyuge, sino entre aquella y Dios.

En la cultura de nuestros días la institución del matrimonio está al borde del desastre. El matrimonio ya no se entiende más como una unión inquebrantable entre un hombre y una mujer que se sirven el uno al otro hasta que la muerte los separe. Mucho de lo que es llamado amor no es más sino deseo egoísta. Incluso en el matrimonio muchas parejas viven juntas egoístamente. Las gentes han decidido pensar que la plenitud se puede encontrar sin sacrificio ni fidelidad, y aunque las parejas puedan vivir juntas, tienen miedo de dejar de lado sus libertades personales y de amarse el uno al otro incondicionalmente.

No obstante, en medio de millones de matrimonios tambaleantes y arruinados, el amor de Dios se mantiene eterno y grita por constancia y devoción. Hay una voz profunda dentro de cada uno de nosotros, no importa cuán apagada, que nos invita a regresar a la fidelidad. Desde cierta perspectiva, todos nosotros anhelamos estar unidos —con corazón libre y abierto— a alguien, a algún otro «tú». Y si volvemos a Dios con la confianza de que tal unidad con otra persona es posible, podemos encontrar la realización de nuestros anhelos.

La verdadera plenitud viene al darnos nosotros mismos en amor a otra persona. Sin embargo, el amor no solo busca dar; él anhela también unir. Si yo amo realmente a otra persona, estaré interesado en saber qué hay en ella y estaré dispuesto a ser guiado fuera de mi propia visión parcial de las cosas. En amor y humildad yo ayudaré a esa persona hacia la posibilidad de un completo despertar, en primer lugar hacia Dios, y luego hacia los otros. El verdadero amor nunca es posesivo. Siempre guía a la libertad de la fidelidad y la pureza.

En el amor y unidad de la iglesia es posible llegar a tener un mismo espíritu con cada hermano y hermana, e igualmente llegar a tener un corazón y un alma con ellos (Hch 4:32). En la fidelidad entre esposo y esposa, sin embargo, la eterna fidelidad de Dios se manifiesta específicamente, pues es Dios quien mantiene continuamente unido cada auténtico matrimonio. En el constante amor de Dios encontramos la fuerza para dejar que el amor fluya a través de nuestra vida, y para dejar que nuestros dones se desarrollen entre cada uno —en tiempos buenos y en los malos—.

Amor sexual puede dar al amor de Dios forma visible

Existe una diferencia entre el amor de una pareja comprometida o casada y el amor entre otros hombres y mujeres. En ninguna parte una persona es más dependiente de otra que en el matrimonio. Hay un gozo especial en el corazón de una persona casada cuando el ser amado está cerca; y aun estando separados, hay un vínculo único entre ellos. A través de la íntima relación del matrimonio, algo sucede que incluso se manifiesta en las caras de la pareja. Como von Gagern dice: «A menudo es solo por medio de su esposa que el esposo llega a ser un hombre; y por medio de su esposo que ella gana verdadera condición de mujer».[5]

En un verdadero matrimonio, cada cónyuge busca la realización de la otra persona. Al complementarse el uno al otro, la unión entre esposo y esposa se intensifica. En su amor mutuo, a través de su fidelidad de pareja, y en su fecundidad, esposo y esposa reflejan la imagen de Dios en una manera misteriosa y admirable.

En el vínculo único del matrimonio descubrimos el profundo significado de llegar a ser un solo ser. Obviamente, llegar a un solo ser significa llegar a estar unidos física y sexualmente, pero ¡es mucho más que eso! Es el símbolo de un hombre y una mujer atados y derretidos juntos, corazón, cuerpo y alma, en un darse mutuamente y en total unidad.

Cuando el esposo y la esposa se hacen una carne, ya no son dos sino uno en realidad. Su unión es el fruto de algo mayor que el compañerismo o la asociación; es la más profunda intimidad. Como Federico Nietzsche escribe, ello sucede «por la resolución de dos de crear una unidad que es más que esos que la crearon. Es la reverencia del uno para el otro y para la realización de tal resolución».[6]

Solamente en esta reverencia y unidad el matrimonio cumple las demandas de la conciencia sexual. A través de la voluntad de tener hijos, de ser fructíferos y de multiplicarse, y a través de la solidaridad que refleja la unidad de Dios con su creación y su pueblo, el matrimonio da forma visible a la efusión del amor de Dios.

Cuando Dios está en el centro de un matrimonio, es posible la plena unidad de corazón, alma y cuerpo

En el orden de Dios para el matrimonio hay por lo menos tres diferentes niveles de experiencia. El primero, el más maravilloso, es la unidad de espíritu: la unidad de corazón y alma en Dios. En esta unidad podemos tener comunidad no solo con nuestro cónyuge sino con todas las personas creyentes. El segundo nivel es la unidad de emoción: la corriente de amor de un corazón a otro y es tan fuerte que una persona puede, por decirlo así, escuchar los latidos del corazón del otro cónyuge. El tercer nivel es la unidad física: la expresión de unidad se encuentra cuando los dos cuerpos están fundidos en unión perfecta.

Demasiadas parejas hoy en día están contentas solo con el tercer nivel, o quizás el segundo. Un matrimonio basado solamente en lo físico y emocional está condenado a decepciones. Aun cuando olas de emociones o atracción física son naturales, ellas pueden dejar profundas heridas si no son colocadas bajo Cristo. No hace mucho tiempo una mujer que conozco me dijo que ella y su esposo solamente se han unido a mi congregación porque ellos querían tener una boda en la iglesia y no porque ellos estuvieran interesados en comprometer sus vidas con Dios. «Mi esposo y yo nunca hablamos acerca de la visión de Dios para nuestra vida, o en cuanto a lo que queremos antes o después de nuestro matrimonio,» escribe. «Nosotros no estábamos en sintonía». Ahora su esposo la ha abandonado a ella y a sus cinco hijos. Ha llegado a ser claro, lamentablemente para ella, que como su compromiso del uno con el otro no estaba enraizado en Cristo, ella y su esposo carecían de sólido y perdurable fundamento para su matrimonio.

Si un matrimonio quiere ser en verdad saludable debe estar fundamentado en el orden de Dios —en unidad de espíritu, corazón y alma—. La mayoría de la gente hoy, incluyendo aquellos de nosotros que reclamamos ser cristianos, no tiene idea de todo lo que Dios ha preparado para aquellos que en verdad le aman y honran. Cuando acojamos el designio de Dios para nuestras relaciones, experimentaremos las bendiciones de Dios. Las experiencias del corazón que Dios puede dar en un verdadero compromiso o matrimonio son más grandes de lo que imaginamos. Demasiados de nosotros vivimos solo en el mundo de los sentidos —del dormir, comer y beber— y nunca nos tomamos un tiempo para volver en realidad a lo que es mucho más vital: nuestra vida interior. Esto también es cierto en tantos matrimonios hoy. El sexo es el punto de atención, y a menudo la unidad de corazón ni siquiera es vista o mencionada. ¿Debe sorprendernos que tan pocas parejas permanezcan fieles de por vida?

Alguien que ha vivido cerca al océano sabe algo del poder de la naturaleza en el arrastre de las mareas altas y bajas. En el matrimonio, como en la amistad, también hay mareas altas y bajas. Cuando una relación está en el reflujo bajo, es también para nosotros demasiado fácil perder la paciencia, distanciarnos de nuestra pareja, y aún abandonar los esfuerzos hacia una renovación del amor. Cuando Dios está en el centro, podemos volver a él y encontrar fe y fuerza aun en nuestro más bajo reflujo.

Entre más reflejemos la imagen de Dios en la cual fuimos creados, más fuertemente sentiremos que Dios debe permanecer siendo nuestro centro, y que sus mandamientos son adecuados para nosotros. Sentiremos que sus mandamientos no están puestos sobre nosotros como leyes y preceptos extraños. Por el contrario, veremos que ellos están en consonancia con nuestra verdadera naturaleza como seres creados a su imagen. Mientras más traicionemos y profanemos la imagen de Dios en nosotros, tanto más fuertemente su soberanía aparecerá ante nosotros como algo extraño, como una compulsión moral que nos machaca.

Ser fructífero el uno para el otro al complementarnos mutuamente en el amor, y ser fructíferos juntos teniendo hijos, éstos son los propósitos que hacen el matrimonio bendito y santo, y un gozo en los cielos. No obstante, en la historia de la creación, además del mandamiento de Dios de «ser fructíferos» viene una bendición: su don de la mujer como una compañera para el primer hombre. Al dar al hombre y a la mujer este don, es como si Dios esté diciendo: «Mi imagen vive en ustedes». Cada vez que nos acerquemos al matrimonio, debemos considerar esto con gran reverencia. En cada persona y en cada matrimonio vive el potencial para una genuina expresión de la imagen de Dios.[7]

4

El primer pecado

*La serpiente era más astuta que todos los animales
del campo que Dios el Señor había hecho, así que le
preguntó a la mujer:*

*—¿Es verdad que Dios les dijo que no comieran de
ningún árbol del jardín? . . .*

Pero la serpiente le dijo a la mujer:

*—¡No es cierto, no van a morir! Dios sabe muy bien
que, cuando coman de ese árbol, se les abrirán los
ojos y llegarán a ser como Dios, conocedores del bien
y del mal.*

Génesis 3:1, 4–5

CUANDO DIOS CREÓ EL MUNDO, todo lo que él
hizo era bueno. La tierra era realmente su reino, y la
vida se regía por el espíritu de paz. Todo, incluyendo
el hombre y la mujer, habitaban juntos en unidad y
armonía, y ellos se veían con deleite el uno al otro y a
todas las cosas que Dios había hecho. Con asombro y
temor reverente Adán y Eva estaban ante el árbol de la
vida en el jardín del Edén. Pero entonces la serpiente
engañó a Adán y a Eva. Inmediatamente el mal vino a
la creación de Dios y trató de destruirla completamente.

Eva fue tentada por la serpiente con una pregunta
sencilla: «¿Es verdad que Dios les dijo eso?», y con una

promesa sencilla: «¡No es cierto, no van a morir!». Es importante que entendamos lo que esto significa. Satanás, el seductor, tentó a Eva con las palabras de Dios, exactamente como más tarde él tentaría a Jesús con las palabras de Dios.

El orgullo nos separa de Dios y del uno con el otro

¿Qué más podía ser, si no fue orgullo, cuando Eva miró el árbol y codició su fruto, queriendo hacerse a sí misma como Dios? ¿No estaba probando a Dios para ver si él realmente iba a cumplir su palabra? La serpiente puso la duda en su corazón, y Eva la escuchó con gran curiosidad. Eso en sí fue un acto de traición a Dios, y nos da una percepción de cómo Satanás aún trabaja hoy en día.

Satanás todavía hoy quiere separarnos de Dios y los unos de los otros. Y si no estamos vigilantes, él puede hacerlo muy fácilmente formulando una pregunta aparentemente inocente que siembre semillas de desconfianza y división en nuestro corazón. Satanás mismo se disfraza como un ángel de luz (2 Cor 11:14), pero en realidad él es el difamador, el que tuerce la verdad, el padre de las mentiras, el asesino desde el principio; él trata de arrojarnos al desorden, la confusión y la duda —y muy a menudo tiene éxito—.

En el Evangelio de Mateo leemos que poco después del bautismo de Jesús, cuando él se retiró al desierto llevado por el espíritu, Satanás trató de tentarlo. Sabiendo que Jesús estaba físicamente débil después de haber ayunado por cuarenta días, Satanás se acercó a Jesús con cara de compasión y le mostró una falsa reverencia al sugerirle que todos los reinos del mundo le deberían pertenecer a él.

En efecto, ya desde la primera tentación Jesús reconoce a Satanás como el tentador y el torcedor de la verdad. Él confió en Dios incondicionalmente y ni siquiera consideró escuchar a Satanás ni por un momento, sino que más bien siguió la senda de la confianza, obediencia y dependencia en Dios. Satanás no podía venir ni cerca a su corazón.

No fue solamente el fruto prohibido que sedujo a Adán y a Eva, sino el orgullo y el deseo de ser como Dios. En tanto les faltó confianza, obediencia y dependencia, ellos mismos se apartaron de Dios. Al final, como ellos dejaron de honrarlo, se hicieron ídolos el uno del otro.

La más grande maldición en nuestro destino humano es el intento de ser como Dios. Bonhoeffer dice: «Al seguir la tentación de Satanás de ser como Dios aunque independiente de él, el ser humano ha llegado a ser un dios contra Dios».[8] El resultado es una honda enfermedad en el espíritu humano. La imagen de Dios es ahora una imagen robada, y torcida por la idolatría y la rebelión contra él, la cual trae gran tiniebla y carencias (Rom 1:23–32).

El falso amor entorpece el gozo de darse totalmente

Adán y Eva pecaron contra el amor de Dios, contra su buen plan. Fueron engañados por un amor falso: el deseo humano. ¡Cuántas cosas pasan hoy bajo el nombre de amor y no son más que destrucción y muerte del alma!

El verdadero amor quiere que la persona de Dios brille a través del amado: Dios sigue siendo el valor por el cual el amor es medido y la meta final del esfuerzo del amor. Pero el ser humano, en un amor falso para el amado, se aleja lejos del más alto bien y de este modo hace imposible para Dios brillar a través del amado.9

Todo esto debiera ser una advertencia seria para nosotros, bien sea que estemos casados o esperemos estar casados algún día. Solo Dios debe ser el primero en nuestra vida, y no nuestro cónyuge ni nuestros hijos. En nuestro propio matrimonio, mi esposa y yo aprendimos que cuando Dios no estaba en el primer y más destacado lugar en nuestra relación, y cuando no nos volvíamos a él por guía incluso en pequeños asuntos, pronto perdíamos nuestra mutua cercanía. Esto afectaba a nuestros hijos también (aun si ellos no estaban conscientes de ello) al hacerlos desobedientes y peleones. He visto que ocurre lo mismo en muchas familias: cuando una pareja se va alejando, sus hijos muestran sus inseguridades. En nuestro caso, al igual que muchas otras parejas, una vez que mi esposa y yo regresamos a Dios y buscamos reconstruir nuestra relación, nuestros hijos respondieron.

Cuando idolatramos a nuestro cónyuge o a nuestros hijos, nuestro amor se hace falso. No podemos hablar libremente acerca de nuestras faltas o de aquellas de nuestra familia. Como Adán, ya no amamos verdaderamente a Dios ni vemos su semblante; vemos solamente el de nuestro cónyuge o el de nuestros hijos. En vez de encarar los problemas de frente, pasamos las cosas por alto. De esta manera, a la larga, perdemos el contacto con Dios y entre nosotros. Peor todavía, abrimos la puerta al maligno, especialmente en el área sexual, y en la falta de vida interior y aislamiento. Adán y Eva perdieron su inocencia porque perdieron su unidad con Dios. Y a través del terrible vacío que siguió, el hombre culpó a la mujer y buscó dominar, y la mujer, amargada con el hombre, culpó a Satanás. Toda unidad fue destruida, y el hombre y la mujer se hicieron rivales y ya no fueron más uno (Gn 3:7–19).

Cuando nuestro matrimonio está separado de Dios, la rivalidad pronto echa raíz y el egoísmo y la desconfianza nos consumen. Al competir con nuestro cónyuge para llevar la batuta, nos esforzamos para crear nuestro propio pequeño paraíso en nuestros propios términos, y pronto nos hundimos en el vacío y profunda insatisfacción. Nuestro vínculo interior está destruido y permanecemos atados entre nosotros solamente por mero capricho. Nos culpamos el uno al otro continuamente y buscamos nuestro propio provecho e independencia. El gozo de darse totalmente se ha ido y solo la maldición del desgano ha quedado.

El enemigo de la vida en Dios es una voluntad independiente y codiciosa. Como mi abuelo Eberhard Arnold escribe, esta voluntad es «el espíritu comercial de mammon, el espíritu legal de las relaciones basadas en la propiedad, la desconexión del deseo sexual del alma y de la unidad y la comunidad de espíritu. . . . Todo esto es muerte; no está ya más conectado con la vida».[10]

Cualquier cosa que se ubica en oposición a la vida y al amor es mala, y nunca debemos subestimar el poder del mal. El pecado guía siempre a la separación, y el pago del pecado es siempre muerte (Rom 6:23). El orgullo pecaminoso lleva su fruto amargo en la soledad —separación de Dios, de nuestro verdadero ser, de otros y de la tierra—. Satanás y el pecado hacen añicos las relaciones más fundamentales que tenemos.

Desde los tiempos antiguos los cristianos han pintado a Satanás como una criatura con pezuñas y cuernos. Tal idea no tiene bases bíblicas. Satanás y sus demonios rodean la tierra como una atmósfera, una fuerza del mal que busca la separación y nos divide (Ef 2:1–2; 6:12). Su exclusiva meta es enceguecer a los seres humanos con el interés propio y el egoísmo: «Ustedes serán como Dios». Y en lugar de ir por la senda de la obediencia, nos permitimos ser tentados y darnos por vencidos.

Como Adán y Eva, todos nosotros estamos divididos y separados por nuestro pecado

El primer pecado de Adán y Eva simboliza la caída de cada uno de nosotros. No podemos ignorar el hecho de que la imagen original de Dios en nosotros ha sido terriblemente distorsionada. En lugar de estar contentos al reflejar la imagen de Dios, luchamos por ser iguales a Dios. Hemos vuelto las más altas cualidades en nosotros contra la voluntad de Dios. En nuestra «libertad» de este mundo, incluso ya no estamos más preocupados por Dios o su imagen. Nos hemos separado de él y nos movemos solo por los asuntos del mundo. Estamos en conflicto con nosotros mismos y el uno con el otro, atrapados por la culpa de nuestra propia disensión.

Separados de Dios de esta manera, nos colocamos en el centro del universo y tratamos de encontrar paz con las posesiones y el placer. Pero estos ídolos solo nos atribulan con ansiedad y angustia. Entonces surge la primera pregunta recelosa: «¿Por qué»? Y la segunda: «¿En realidad Dios está allá?» Comenzamos a dudar de la guía del espíritu, entonces preguntamos: «¿Por qué me tocó tan duro? ¿Por qué a mí?»

Tales preguntas corroen nuestra confianza, no solo en Dios sino en cada uno, y cuando las hacemos nunca estamos lejos de pecar. Una fe sencilla toma la mano que Dios está ofreciendo y sigue la senda que por la que él conduce. Bien sea que la senda lleve a través de oscuridad o sufrimiento, a través de lugares difíciles, sobre rocas y desiertos, la confianza nos ayudará a seguir. Si tomamos la mano de Dios, nada nos puede causar daño. Sin embargo, tan pronto como nos soltamos de Dios y dudamos de él, comenzamos a desesperarnos. Ese es siempre el desafío: proseguir con Dios.

Jesús tuvo que padecer cada sufrimiento humano; él no escatimó nada —nada de hambre, sed, soledad, tentación, ni tormento—. Pero él no intentó escapar de su pena. Él está cerca a nosotros, y siempre está listo para ayudarnos, para darnos la fuerza para vencer (Heb 2:14–18). Hasta las más satánicas tentaciones, las más terribles horas de tinieblas, son vencidas por estas palabras de Jesús: «Adora al Señor tu Dios y sírvele solamente a él» (Mt 4:10). Este es el secreto. Aquí Satanás pierde todo poder sobre nosotros, y el primer pecado ya no nos ata por más tiempo.

5

Restaurando la imagen de Dios

Ahora bien, el Señor es el Espíritu; y donde está el Espíritu del Señor, allí hay libertad. Así, todos nosotros, que con el rostro descubierto reflejamos como en un espejo la gloria del Señor, somos transformados a su semejanza con más y más gloria por la acción del Señor, que es el Espíritu. . . . Por lo tanto, si alguno está en Cristo, es una nueva creación. ¡Lo viejo ha pasado, ha llegado ya lo nuevo!

2 Corintios 3:17–18; 5:17

NUESTRA RELACIÓN con Dios es más importante que cualquier relación humana. Todas las demás relaciones son simplemente símbolos de aquella. Primero y antes que nada, llevamos la imagen de Dios y necesitamos tener reverencia una y otra vez por ese hecho.

La más grande esperanza para cada persona, y para cada relación o matrimonio, es reconocer que aunque hayamos distorsionado esta imagen y hayamos caído lejos de Dios, aún permanece en nosotros una imagen borrosa. A pesar de nuestra corrupción, Dios no quiere que perdamos nuestro destino como criaturas hechas a su imagen. Por eso él envió a su Hijo Jesús, el segundo Adán, para irrumpir en nuestro corazón (Rom 5:17–18).

Por medio de Jesús la imagen de Dios puede ser restaurada en cada hombre y mujer, y en cada relación.

Jesús abre el camino a Dios y del uno al otro

Jesús es el reconciliador de Dios: él ha venido para reconciliarnos con Dios y con otras personas y para sanar las discordias internas en nuestra vida (Ef 2:11–19). Cuando estamos desanimados o apesadumbrados, entonces más que nunca tenemos que seguirle. Todos los que le buscan encontrarán a Dios. Esta es una promesa. El profeta Jeremías dice: «Me buscarán y me encontrarán, cuando me busquen de todo corazón» (Jer 29:13). Y están las palabras maravillosas en el evangelio: «Porque todo el que pide, recibe; el que busca, encuentra; y al que llama, se le abre» (Lc 11:10). Estas palabras son ciertas hoy, y si las tomamos con seriedad, Dios vendrá a vivir en nuestro corazón.

El camino hacia Dios está abierto para todas las personas. Ningún ser humano está excluido de este don, pues Jesús vino como un ser humano y vivió entre nosotros. Dios le envió para restaurar su imagen en nosotros. Por medio de él tenemos acceso al Padre. Pero esto solo puede pasar cuando la experiencia de Pentecostés —de personal arrepentimiento, conversión y fe— se vuelve a una realidad ardiente en nosotros.

El milagro de Pentecostés, en el cual el Espíritu Santo descendió a la tierra con poder y amor, puede pasar en cualquier parte en el mundo a cualquier hora. Puede pasar dondequiera que la gente grite: «Hermanos y hermanas, ¿qué haremos?» y donde sea que estén listos a escuchar la vieja respuesta de Pedro: «Arrepiéntase y bautícese cada uno de ustedes en el nombre de Jesucristo para perdón de sus pecados.... ¡Sálvense de esta generación perversa!» (Hch 2:37–40).

Libertad viene por la entrega, no por fuerza humana

Podemos encontrar perdón y salvación solo en la cruz. En la cruz padecemos la muerte, muriendo a la propia voluntad. Esta muerte nos libera de todas las cosas que han impedido la comunión con Dios y con otros, y renueva nuestra relación con ellos. Al renunciar al pecado y al mal que nos ha esclavizado, encontramos libertad en Jesús. Nunca podemos redimirnos a nosotros mismos o mejorarnos por nuestra propia fuerza. Todo lo que podemos hacer es rendirnos nosotros mismos completamente a Jesús y su amor para que así nuestra vida ya no pertenezca más a nosotros sino a él.

Mi padre J. Heinrich Arnold escribe:

> Si queremos estar sanados de las heridas hechas por los engaños y flechas de Satanás . . . debemos tener la misma confianza absoluta en Jesús como él tuvo en Dios. Pues finalmente, todo lo que tenemos es nuestro pecado. Pero nos toca poner nuestro pecado delante de él con confianza. Luego él nos dará perdón, limpieza y paz en el corazón; y estas cosas nos guían a un amor que no se puede describir.[11]

¿Qué es lo que significa «poner nuestro pecado delante de él con confianza»? La libertad y la posibilidad de reconciliación comienzan cuando sea que confesemos las acusaciones de nuestra conciencia. El pecado vive en la oscuridad y quiere permanecer allí. Pero cuando, como muestra la siguiente historia de una persona conocida, Darlene, sacamos a la luz los pecados que nos agobian —cuando los admitimos sin ninguna reticencia— podemos ser limpiados y liberados:

Para el primer año de la escuela secundaria yo había escogido mi «futuro esposo». Gasté muchas horas secretas escribiéndole en mi diario, soñando acerca de él y vigilando su casa con la esperanza de poderle ver por una ventana. Varios años después él se casó con otra persona, y mi mundo de fantasía se cayó en pedazos.

A través de mis años de escuela secundaria traté de ser parte del «grupo de moda», siempre consciente de lo que decía, hacía y usaba. Pero para el tiempo cuando me gradué, yo había coqueteado con un sinnúmero de muchachos, y aunque me sentía culpable acerca de esto por causa de mi crianza, simplemente decidí ignorarlo. Sofoqué mi conciencia quejosa y yo misma me convencí que podía manejar cualquier situación.

Después de la escuela segundaria viajé a Israel, con la intención de pasar un año en una comuna israelí o kibbutz. Al principio estuve sorprendida de las constantes fiestas y la preocupación que había allá por el sexo entre los adolescentes, pero ya pronto yo estaba pasándola bien en las habitaciones de los hombres y yendo a fiestas de tragos y discos como todo el mundo. Yo me dije que podría retirarme de cualquier situación en cualquier tiempo, pero en unas semanas me dejé absorber por una relación con un muchacho que me dijo que él en verdad me amaba. Yo quería tanto creerle que caí por él aunque yo sabía que él era el Don Juan del kibbutz. Me sentí más y más culpable; podía ver que yo estaba haciendo exactamente lo que había afirmado que yo era lo suficientemente fuerte para resistir. Me sobrecogió de terror cuando lo vi pocas noches más tarde con otra chica.

Regresé a mi casa, y durante los siguientes dos años pensé que yo había vencido mi problema. Pero no era así. Caí de nuevo.

Un hombre me prometió un futuro maravilloso, y me dijo constantemente cuánto me amaba y cuán bonita yo era. Yo quise creer en él desesperadamente. Pronto hubo cogida de manos, abrazos, besos, tocamientos. Una cosa llevó a la siguiente. Como él quería más y más de mí, yo contuve completamente todos los sentimientos de terrible culpa y horror. Cuando él me preguntó por sexo, me entregué. Escogí caer muy profundo en pecado en lugar de confrontar el absoluto caos en el que estaba. Quería salir corriendo de casa y vivir con él, y yo le prometí mi amor y lealtad —aun cuando él me amenazó con matarme si yo contaba a alguien de nuestra relación—. El día siguiente él desapareció, y nunca lo volví a ver de nuevo.

Plagada por depresión, consideré el suicidio. La cabeza y el estómago me dolían sin cesar. Sentí que me estaba volviendo demente. Estaba obsesionada con el sexo. Yo no podía ver cómo podía seguir sin un hombre que me «amara». Fui por un muchacho después de otro; dos de ellos aún estaban comprometidos con otras chicas. Crecí en desesperación y lloré secretamente por horas. A través de todo esto, aunque yo me sentía como una prostituta, traté de mostrar a mi familia y amigos una imagen feliz y segura. . . .

Mi doble vida no podía durar para siempre, y por último fui cogida en la mentira. Yo reconocí entonces que Dios me estaba dando otra oportunidad. Era posible que yo no tuviera de nuevo tal oportunidad de escapar de mi pecado. Me rendí, volví a mis padres y confesé todo. El diablo no estaba listo para dejarme ir, atormentándome cuando dormía, pero el profundo amor de

Dios llegó a ser muy real para mí en las semanas y meses siguientes. Hubo constantes oraciones y amor de mi familia e iglesia, quienes nunca perdieron la esperanza en mí. Creo que la oración ahuyentó muchos espíritus malos que a menudo parecían rondar alrededor de mí, especialmente en esas primeras semanas.

Después de meses de dar una dura pelea, mi cautiverio en el mal finalmente terminó. Entonces vino el momento inolvidable cuando mi pastor, en el lugar de Dios, pronunció el perdón de todos mis pecados. El poder y gozo de ese momento no supo de límites.

Cuando estamos agobiados por el pecado, es un inmenso don encontrar a alguien con quien hablar de ello. Vaciar el propio corazón a otra persona es como abrir una esclusa en una represa: el agua corre y desaparece la presión. Si la confesión es honesta y franca, puede traer una sensación profunda de alivio, pues es el primer paso en el camino del perdón. Pero al final tenemos que estar de pie ante Dios. No podemos huir o escondernos de él, como Adán y Eva trataron de hacer cuando le desobedecieron. Si estamos dispuestos a presentarnos ante él a la luz de su Hijo Jesús, él disipará toda nuestra culpa.

Así como Dios dio al primer hombre y a la primera mujer paz y gozo en el huerto del Edén, él da a cada creyente la tarea de trabajar hacia la nueva creación de su reino de paz. Para llevar adelante esta tarea, debemos aceptar gozosos el orden de Dios en nuestra vida y estar dispuestos a recorrer todo el camino de Jesús —comenzar en el pesebre de Belén y terminar en la cruz del Gólgota—. Es un caminar muy modesto y humilde. Pero es el único camino que lleva a la completa luz y esperanza.

Solamente Jesús puede perdonar y remover nuestros pecados, porque solo él está libre de toda mancha. Él puede agitar nuestra conciencia y dejarla libre de impureza, amargura y discordia (Heb 9:14). Si aceptamos la llamada de nuestra conciencia, asumamos la responsabilidad por las decisiones que hemos hecho, y abracemos el juicio y la misericordia de Dios, sin importar cuán lejos nos hemos extraviado o cuán corruptos hayamos sido. En Cristo la conciencia que estaba acostumbrada a ser nuestra enemiga llega a ser nuestra amiga.

El perdón tiene poder de transformar nuestra vida

El perdón que Jesús ofrece es tan poderoso que cambiará completamente nuestra vida. Todo lo que nos hace temerosos o aislados, todo lo impuro y engañoso, todo lo que nos impide mostrar y recibir amor, cederá si nos entregamos a él. Lo que está arriba vendrá abajo, y lo que está abajo vendrá arriba. Este cambio comenzará en lo recóndito del corazón de nuestro ser, y entonces nuestra vida externa, incluyendo todas nuestras relaciones, también serán transformadas.

Sea que una persona haya experimentado tal redención o no, ésta se mostrará más claramente cuando él o ella se enfrente a la muerte. Aquellas personas que han estado al lado de la cama de una persona moribunda sabrán cuán absoluta, cuán final en su significado, es para cada persona la relación íntima con Dios. Ellas saben que al final, cuando los últimos alientos son exhalados, ese vínculo es la única cosa que cuenta.

Es la tarea de vida para cada persona el prepararse para encontrar a Dios. Jesús nos dice cómo hacer esto cuando él dice: «todo lo que hicieron por uno de mis hermanos, aun por el más pequeño, lo hicieron por mí». Él también dice: «Dichosos los pobres en espíritu, porque el reino de los cielos les pertenece». Yo he experimentado personalmente en el lecho de muerte que si una persona ha vivido para otros, como Jesús hizo, entonces Dios está muy cerca de esa persona en la última hora. También he experimentado en el lecho de muerte el tormento de aquellas personas que han vivido una vida egoísta y pecadora y rehúsan arrepentirse.

Todos nosotros, bien sea casados o solteros, necesitamos captar con más profundidad las palabras eternamente sanadoras de Jesús: «Y les aseguro que estaré con ustedes siempre, hasta el fin del mundo» (Mt 28:20). En Jesús hay vida, amor y luz. En él nuestra vida y nuestras relaciones pueden ser purificadas de todo lo que nos agobia y se opone al amor, y la imagen de Dios puede ser restaurada en nosotros.

6

La sexualidad
y la esfera sensitiva

Todo lo que Dios ha creado es bueno, y nada es despreciable si se recibe con acción de gracias, porque la palabra de Dios y la oración lo santifican.

1 Timoteo 4:4–5

LA BIBLIA HABLA del corazón como el centro de la vida interior de una persona. En el corazón se toman las decisiones y se establece la dirección de qué clase de persona vamos a ser (Jer 17:10). Pero Dios también nos creó como seres sensitivos. A lo sensitivo pertenece todo lo que percibimos con nuestros sentidos, incluyendo la atracción sexual. El aroma de una flor, el calor del sol o la primera sonrisa de un bebé nos da gozo. Dios nos ha dado un gran don en nuestros sentidos, y si los usamos para alabar y honrarle, ellos nos pueden traer gran felicidad.

No obstante, así como el área de la experiencia sensitiva nos puede traer cerca a Dios, puede engañarnos e incluso sumergirnos en la tiniebla demoníaca. Demasiado a menudo estamos propensos hacia lo superficial y perdemos la fuerza y el poder de lo que Dios de otra manera podría darnos. Al captar lo que experimentamos con nuestros sentidos, nos olvidamos de Dios y perdemos la posibilidad de experimentar la plena profundidad de su voluntad.

El gozo perdurable se encuentra no en nuestros sentidos sino en Dios

Despreciar los sentidos es rechazar a Dios y la obra de sus manos (1 Tim 4:1–3). El Espíritu Santo no quiere que ignoremos el cuerpo y su poder emocional. Pero no debiéramos olvidar que Satanás busca socavar cada una de las cosas buenas; él es un torcedor de la verdad y está siempre esperando engañarnos, especialmente en esta área.

Ciertamente, el alma se acerca a Dios por el espíritu, pero siempre está unida a lo físico por medio del cuerpo. Nuestro ser físico no es el enemigo real del espíritu, y nunca debe ser rechazado. El verdadero enemigo es Satanás, que continuamente trata de atacar el alma humana y separarla de Dios. La voluntad de Dios es que cada parte de la vida —espíritu, alma y cuerpo— se coloque bajo su control para su servicio (1 Cor 10:31).

En sí misma, la esfera de los sentidos no tiene nada de malo. Después de todo, todo lo que hacemos, bien sea caminar o dormir, implica una experiencia sensorial a algún nivel. Pero por cuanto no somos meros animales, ya que somos hechos a imagen de Dios, se espera mucho más de nosotros.

Cuando dos personas se enamoran, el gozo que tienen al principio es por lo general a un nivel sensitivo: se miran a los ojos, se oyen hablar, se regocijan en el toque de la mano del otro, o inclusive en el calor de su cercanía. Por supuesto, la experiencia es más profunda que simplemente ver, oír o sentir, pero aun así ella comienza como una experiencia de los sentidos.

Sin embargo, el amor humano no puede quedarse a este nivel; tiene que ir mucho más profundo que eso. Cuando lo sensitivo llega a convertirse en un fin en sí mismo, todo parece fugaz y provisional, y nos sentimos obligados a buscar nuestra satisfacción en experiencias de mayor y más profunda intensidad (Ef 4:17–19). Al usar nuestras energías en la intoxicación de nuestros sentidos, pronto agotamos y estropeamos nuestra habilidad de experimentar el poder vital de la existencia. Y también perdemos la capacidad para algunas profundas interiores experiencias. Un conocido mío que había estado casado por más de treinta años me dijo:

> Cuando mi esposa y yo nos casamos, yo siempre quería que ella vistiera bien y sexy. Era el apogeo de la minifalda, y yo pensé que ella se veía genial en una. Nunca reconocí el daño que esta actitud le hizo a ella, a otros hombres y a mí mismo. Yo estaba realmente alentando las miradas lujuriosas que Jesús denuncia tan claramente. Solo más tarde, cuando mi esposa y yo nos dimos cuenta de esto, nos liberamos de un énfasis dañino en la apariencia física de cada uno y hallamos el camino hacia una relación más genuina.

A no ser que nos sometamos nosotros mismos (incluyendo los sentidos) reverentemente a Dios, no seremos capaces de experimentar las cosas de este mundo en su plenitud. Una y otra vez he visto cómo hay personas que se enfocan en satisfacer sus sentidos y acaban llevando vidas frívolas, sin propósito. Cuando nuestros sentidos rigen nuestra vida, llegamos a estar frustrados y confusos. Pero en Dios podemos experimentar lo eterno en lo sensitivo. En él podemos satisfacer los anhelos más profundos del corazón para lo que es genuino y permanente.

Cuando entregamos nuestra sexualidad a Dios, ésta llega a ser un don

Como un don de Dios, la sensualidad es un misterio; sin Dios, su misterio se pierde y es profanado. Esto es cierto especialmente para toda el área sexual. La vida sexual carga de por sí con una profunda intimidad, que cada uno de nosotros instintivamente escondemos de otros. El sexo es el secreto de cada persona, algo que afecta y expresa lo íntimo de nuestro ser. Toda exposición de esta área abre algo íntimo y personal y guía a otra persona al secreto de uno mismo. Por eso la esfera sexual —aunque es uno de los grandes dones de Dios— también es la esfera de vergüenza. Debiéramos sentirnos avergonzados al revelar nuestro secreto ante otros. Hay una razón para esto: así como Adán y Eva estuvieron avergonzados de su desnudez ante Dios porque ellos sabían que habían pecado, todos nosotros sabemos que somos pecadores por naturaleza. Esta comprensión no es un desorden mental enfermizo, como muchos psicólogos declaran. Es la respuesta instintiva de proteger eso que es santo y dado por Dios, y que debe guiar a cada persona al arrepentimiento.

La unión sexual está destinada a ser la expresión y el cumplimiento de un vínculo de amor imperecedero e inquebrantable. Representa la entrega suprema a otro ser humano porque involucra la revelación mutua del más íntimo secreto de cada pareja. Dedicarse a actividades sexuales de cualquier clase sin estar unido en el vínculo del matrimonio es, por eso, una profanación. La práctica extendida de «experimentación» sexual prematrimonial, hasta con la pareja que uno intenta casarse, no es menos terrible y puede dañar seriamente un futuro matrimonio. El velo de intimidad entre un hombre y una mujer no tiene que ser levantado sin la bendición de Dios y la iglesia en el matrimonio (Heb 13:4).

De hecho, dentro del matrimonio, la esfera completa de la intimidad sexual tiene que colocarse bajo Cristo si se quiere llevar buen fruto. El contraste entre un matrimonio donde Cristo está en el centro y uno donde el deseo carnal es el punto central está bien descrito por el apóstol Pablo en su Carta a los Gálatas:

> Las obras de la naturaleza pecaminosa se conocen bien: inmoralidad sexual, impureza y libertinaje; idolatría y brujería; odio, discordia, celos, arrebatos de ira, rivalidades, disensiones, sectarismos y envidia; borracheras, orgías, y otras cosas parecidas. Les advierto ahora, como antes lo hice, que los que practican tales cosas no heredarán el reino de Dios. En cambio, el fruto del Espíritu es amor, alegría, paz, paciencia, amabilidad, bondad, fidelidad, humildad y dominio propio. No hay ley que condene estas cosas. Los que son de Cristo Jesús han crucificado la naturaleza pecaminosa, con sus pasiones y deseos (Gál 5:19–24).

Las personas que ven la lujuria sexual de la misma manera en que ven la glotonería no entienden el significado de la esfera sexual. Cuando cedemos a la tentación de la lujuria o impureza sexual, estamos contaminados de una forma muy diferente que con la glotonería, aunque ésta también es condenada en la Biblia. Lujuria e impureza nos hieren en lo íntimo del corazón y del ser. Ellas atacan el alma en su núcleo. Cuando quiera que caigamos en la impureza sexual, caemos presa de fuerzas demoníacas, y todo nuestro ser se corrompe. Luego, solo a través de un arrepentimiento profundo y renovación podemos ser liberados.

Lo opuesto a la impureza no es el legalismo

Lo opuesto a la impureza sexual y a la sensualidad, sin embargo, no es mojigatería, moralismo o falsa piedad. ¡Cuán seriamente Jesús nos advierte contra esto! (Mt 23:25–28). En todo cuanto experimentamos con nuestros sentidos, nuestro gozo debe ser genuino y libre. Pascal dice: «Las pasiones son más vivas en aquellos que quieren reconocerlas». Si nuestra sensualidad es reprimida por coacción en vez de ser disciplinada desde adentro, solo encontrará nuevos canales de desconfianza y perversidad (Col 2:21–23).

En nuestro tiempo corrupto y desvergonzado, es sumamente difícil criar hijos con un profundo sentido de reverencia a Dios y a todo lo que él ha creado. Aún más, tenemos que esforzarnos para criar a nuestros hijos de tal manera que, ya sea si se casen o no cuando adultos, ellos lleguen a ser hombres y mujeres comprometidos con una vida de pureza.

Tenemos que ser vigilantes para que ni nosotros ni nuestros hijos hablen de manera irreverente acerca de temas sexuales. Además, al mismo tiempo, no podemos evitar este tema. Más bien, necesitamos traer a nuestros hijos un espíritu de reverencia. Tenemos que enseñarles el sentido de santidad del sexo en el orden de Dios, e imprimir en ellos la importancia de guardar puros y limpios sus cuerpos y mentes con el solo propósito del matrimonio. Ellos deben aprender a sentir como nosotros sentimos, que el sexo alcanza su más profundo cumplimiento, y por eso da el más grande placer, solamente en un matrimonio puro y santo.

Dios tiene gozo cuando una pareja recién casada experimenta plena unidad: primero en el espíritu, luego de corazón a corazón y alma con alma, y luego en el cuerpo. Cuando esposo y esposa levantan el velo del sexo en reverencia ante él, en relación con él y en la unidad dada por él, su unión da honor a Dios. Cada pareja debiera esforzarse por esta reverencia, pues los puros de corazón verán a Dios (Mt 5:8).

7

Los puros de corazón

*Dichosos los de corazón limpio, porque ellos verán
a Dios.*

*Como tenemos estas promesas, queridos hermanos,
purifiquémonos de todo lo que contamina el cuerpo
y el espíritu, para completar en el temor de Dios la
obra de nuestra santificación.*

Mateo 5:8; 2 Corintios 7:1

SØREN KIERKEGAARD dice que la pureza del
corazón es desear una sola cosa. Esa sola cosa es Dios
y su voluntad. Aparte de Dios, nuestro corazón permanece irremediablemente dividido. Entonces ¿qué es
la impureza? La impureza es separación de Dios. En
la esfera sexual, es el mal uso del sexo, lo cual ocurre
siempre que el sexo es usado de cualquier manera que es
prohibida por Dios.

La impureza nunca nos contamina desde afuera. No
puede ser limpiada externamente a voluntad. Originada
en nuestra imaginación, brota del interior nuestro como
una llaga infectada (Mt 15:16–20). Un corazón impuro
nunca está satisfecho, nunca del todo: siempre quiere
robar algo para sí, y ya entonces codicia aún más. La impureza mancha el alma, corrompe la conciencia, destruye la
coherencia de vida y al final lleva a la muerte espiritual.

Un corazón impuro ni está satisfecho ni es libre

Cada vez que permitimos a nuestra alma ser tocada por la impureza, le abrimos a una fuerza demoníaca que tiene poder de ganar control sobre cada esfera de nuestra vida, no solo la sexual. La impureza puede tomar la forma de una pasión idolátrica por los deportes profesionales, puede ser el capricho ambicioso de obtener prestigio o poder sobre otras personas. Si estamos gobernados por cualquier cosa que no es Cristo, estamos viviendo en la impureza.

La impureza en la esfera sexual con frecuencia consiste en usar otra persona, aun cuando haya consentimiento, solamente para satisfacer un deseo. Es allí cuando la gente entra en situaciones de intimidad sexual sin ninguna intención de formar un vínculo permanente.

Una de las formas más evidentes de impureza ocurre cuando una persona paga dinero por sexo. Quien hace esto «llega a ser uno con la prostituta», como nos dice el apóstol Pablo, porque esa persona está usando el cuerpo de otro ser humano simplemente como una cosa, un medio de autosatisfacción. Al hacer esto, tal persona comete un crimen contra el otro, pero también contra sí misma (1 Cor 6:15–20). Incluso en el matrimonio tener sexo solo por el sexo mismo es tener sexo separado de Dios. Como Dietrich von Hildebrand escribe, tal sexo posee una dulzura venenosa que paraliza y destruye.

No obstante, sería un grave error imaginar que lo opuesto a impureza es la ausencia de sentimiento sexual. De hecho, la falta de conciencia de lo sexual no es siquiera un terreno fértil para la pureza. Una persona que no tiene sensibilidad para el sexo es en efecto una persona incompleta: él o ella carece de algo no solo de natural inclinación, sino de algo que le da color a todo su ser.

Las personas que buscan vivir una vida pura no desprecian el sexo. Ellas simplemente están libres del miedo timorato y de hipócritas expresiones de disgusto. Sin embargo, nunca pierden reverencia por el misterio del sexo, y guardarán una distancia respetuosa de él hasta que son llamadas por Dios a entrar en ese territorio a través del matrimonio.

Para los cristianos solteros, reprimir los sentimientos sexuales o sencillamente evitar al sexo opuesto no son la respuesta. Solo cuando se hayan rendido completamente a Cristo encontrarán la pureza. En el matrimonio, dos personas confían la una a la otra la santidad especial del área sexual. Además, en el sentido más hondo, no son ellas quienes se dan este don entre sí, sino Dios, quien nos creó a todos como seres sexuales. Así, dondequiera que nos entreguemos a la tentación —aunque sea solo en nuestros pensamientos— estamos pecando contra Dios, quien creó nuestra sexualidad para su designio.

Dios quiere dar armonía interior y claridad rotunda a cada corazón. En esto consiste la pureza (St 4:8). Mi abuelo, Eberhard Arnold, escribe al respecto:

Si el corazón no es claro y completo —«sencillo,» como Jesús lo puso— entonces es débil, flojo e indolente, incapaz de aceptar la voluntad de Dios, para hacer decisiones importantes, o para decidir acciones firmes. Esta es la razón porqué Jesús anexó el significado más grande a sencillez de corazón, simplicidad, unidad, solidaridad y firmeza. La pureza de corazón no es nada más que absoluta integridad, la cual puede vencer deseos que enervan y dividen. Unidad decidida es lo que el corazón necesita para ser receptivo, veraz y recto, confidente y valiente, firme y fuerte.[12]

La llave a la pureza es la humildad

En las bienaventuranzas Jesús bendice a los puros y a los humildes. Él dice que ellos heredarán la tierra y verán a Dios. La pureza y la mansedumbre encajan juntas, porque ambas surgen de un completo rendirse a Dios. De hecho, ellas dependen de esto. Pero pureza y humildad no son innatas; deben ser conquistadas una y otra vez. Hay pocas cosas más maravillosas que un cristiano puede esmerarse en alcanzar.

La lucha contra la impureza sexual no es solo un problema para los adultos jóvenes. Para muchas personas ella no declina aunque se hacen viejas y más maduras, sino que permanece una seria lucha de por vida. Desde luego, el deseo de vivir una vida pura es bueno y necesario. Sin embargo, es imposible para alguien simplemente «decidir» no sucumbirse nuevo a la tentación. El don de la pureza solo puede ser otorgado a través de la experiencia del perdón. Y aun entonces, nuestra lucha contra la tentación continuará. Sin embargo, aún podemos llenarnos de valor. No importa cuán a menudo o cuán dolorosamente seamos tentados, Jesús abogará a Dios en nuestro favor si se lo pedimos a él. En él tenemos la promesa de que podemos encontrar la victoria sobre cada tentación (1 Cor 10:13).

Además, solo los humildes pueden experimentar la infinita bondad de Dios. El arrogante nunca puede. Las personas orgullosas abren su corazón a toda clase de maldad: impureza, mentira, robo y espíritu homicida.

Donde exista uno de estos pecados, los otros no estarán muy lejos. Las personas que se esfuerzan por la pureza con sus propias fuerzas siempre estarán tropezando. Aparentemente llenas de confianza en ellas mismas, ellas caen en la tiniebla y el pecado porque creen que pueden controlar los problemas por su cuenta.

Cada uno de nosotros enfrenta tentaciones en el área sexual, y nuestra única esperanza de vencerlas descansa en nuestra disposición de confesar nuestra lucha a alguien en quien confiamos. Cuando hacemos esto, descubrimos que de ninguna manera somos únicos.

Frank, un joven que ha compartido conmigo sobre su lucha por la pureza, escribe:

> Aun como un chico pequeño, yo me consideraba ser una persona especial y «espiritual». Una vez que establecí esta imagen de mí mismo, encontré extremadamente difícil compartir mis problemas con mis padres o con alguien más. A medida que crecí, toda mi energía se fue en ser un niño «bueno». Miraba a ciertas personas y pensaba que eran «geniales», y trataba de imitarlas. Esta ego manía continuó durante mis años de universidad. Decidí seguir al montón y vivía sin rumbo donde quiera que la corriente de la vida universitaria me llevase.
>
> A medida que me hacía mayor, vi a mis colegas madurando como adultos. Asustado porque yo había sido dejado atrás, refiné mis esfuerzos para esconder mi profunda inseguridad, un problema que para ahora llegaba a ser un desorden mental. En lugar de buscar modelos de actitud afable, fui a hombres que parecían ser espiritualmente dotados y traté de copiarlos.
>
> Como el año pasó, mi temor de que algo podía estar crónicamente mal en mi vida se incrementó. Por causa de mi orgullo, estaba atormentado y plagado por

desconfianzas, dudas y odio. Al mismo tiempo, llevaba una vida secreta de impureza sexual. Pero reprimí todo esto y viví en constate temor de ser descubierto.

Muy a menudo he observado a personas que podrían haber sido ayudadas a no perder esperanza y resbalar más en el pecado sexual. Como una avalancha, sus problemas se incrementaron. Algunas aun caen en una vida de crimen, drogas y abuso de alcohol simplemente porque no ven la salida. Con frecuencia esta clase de persona lo que necesita es un amigo o pastor que le señale hacia Dios y que le anime a trabajar por la pureza que ella en efecto ansía. (Frank por fin confrontó su apremiante necesidad y pidió ayuda). La intensa autoabsorción de una persona, que es a menudo camuflada con orgullo, la aleja de la gran promesa sobre que cada tentación puede ser vencida siempre y cuando ella esté dispuesta a admitir sus fracasos y a alejarse de sí mismo.

Las personas humildes, por otro lado, viven con la fuerza de Dios. Ellas pueden caer, pero Dios las levantará y rescatará de una espiral cuesta abajo.

Por supuesto, no solo nuestras luchas sino todo en nuestra vida debería colocarse bajo Jesús. Él vence los deseos que nos desgarran en pedazos y que disipan nuestra fuerza. Cuanto más firmemente seamos poseídos por su espíritu, más cerca estaremos de encontrar nuestro verdadero carácter.

¿Quién es puro de corazón?

En el Sermón de la Montaña podemos ver cuán seriamente toma Jesús la lucha diaria por la pureza. Él dice que si miramos a otra persona con una mirada lujuriosa, ya hemos cometido adulterio en nuestro corazón (Mt 5:27–30). El hecho de que Jesús nos advierta tan prontamente contra los pensamientos lujuriosos —ni qué hablar de acciones lujuriosas— debe mostrarnos cuán importante es una actitud decisiva, de corazón, en esta lucha.

Bonhoeffer escribe: «¿Quién es puro de corazón? Solo aquellos que han rendido su corazón completamente a Jesús para que él solo pueda permanecer en el corazón; solamente aquellos cuyo corazón está incorrupto de sus propias maldades —y también de sus propias virtudes—».[13]

Hombres y mujeres puros son capaces de discernir ambos lo bueno y lo malo en la esfera sexual. Se dan cuenta de las cualidades intrínsecas de la esfera sexual y comprenden plenamente su bondad y belleza como un don de Dios. Pero también están muy al tanto de que aun el más pequeño uso equivocado de este don abre la puerta a los espíritus malos, y saben que no pueden liberarse por sí mismos de esos espíritus con sus fuerzas. Por eso es que evitan toda situación, inclusive imágenes, que contaminan el alma, y detestan el pensamiento de guiar a otros al pecado.

Es de vital importancia que en nuestra lucha por la pureza rechacemos todo lo que pertenece al dominio de la inmoralidad sexual, incluyendo la avaricia, la vanidad y toda otra forma de autocomplacencia. Nuestra actitud no puede ser la de una de fascinación «parcial» con la lujuria, sino solamente una de completo rechazo. Si nuestro corazón es puro, reaccionaremos instintivamente contra cualquier cosa que amenace nublar esa actitud.

En esto la comunidad de la iglesia tiene una gran responsabilidad por luchar diariamente por una atmósfera de pureza entre todos sus miembros (Ef 5:3–4). La responsabilidad y el apoyo mutuo son primordiales. Pero la lucha por la pureza tiene también que ir codo a codo con la lucha por la justicia y el bien común, pues no existe verdadera pureza de corazón sin un sentimiento por la necesidad y sufrimiento de otros (St 1:26–27). La pureza no está solo relacionada con el área sexual; saber que un prójimo está hambriento e ir a la cama sin darle a él comida es profanar el corazón de uno mismo. Por eso es que los primeros cristianos compartían todo lo que poseían —su comida y bebida, sus bienes, su pujanza, aun su actividad creativa e intelectual— y lo entregaron a Dios como un servicio a otras personas. Como ellos eran de un solo corazón y una sola alma y tenían todas las cosas en común, ellos pudieron combatir contra el mal en todas sus formas como una hermandad unida.

El matrimonio no es garantía de pureza

Es una ilusión pensar que la lucha por la pureza llega a su fin tan pronto como uno se casa. Incluso el matrimonio puede ser una trampa. Muchas personas solteras piensan que todos sus problemas se solucionarán desde el momento en que estén casados, pero el hecho es que muchos de sus problemas entonces recién comenzarán.

Efectivamente, la unión entre esposo y esposa es una gran gracia. Puede tener un efecto redentor, especialmente en el sentido de suavizar el ego de cada uno. Pero el efecto redentor del matrimonio en sí mismo nunca puede resolver las necesidades de una conciencia agobiada. La redención plena solo se encuentra en Jesús.

Un certificado de matrimonio no es garantía de pureza. Donde quiera que una relación con Dios esté perdida, rápidamente el sexo pierde su verdadera profundidad y dignidad y se convierte en un fin en sí mismo. En efecto, en el matrimonio la superficialidad en la esfera sexual proyecta problemas porque erosiona la preciosidad del vínculo entre un hombre y una mujer.

Es trágico ver cómo hoy tantas personas, aun cristianos, usan el certificado de matrimonio como una licencia para satisfacer todo deseo. Una pareja de mediana edad que una vez conocí compartió esto conmigo. En la privacidad de su propio dormitorio, ellos veían periódicamente vídeos pornográficos para ayudar «a guardar viva su vida amorosa». No veían nada malo en ello. «¿No quiere Dios que una pareja goce entre sí?», fue su razonamiento. Poco era lo que podían ver de cuán torcida y barata había llegado a ser su vida amorosa. Su intento de sustituir su vida por aquella de otros solamente sirvió para avivar su insatisfacción entre sí.

Nada debería demostrar más claramente la necesidad de la aprobación especial de Dios que el matrimonio. Por eso, siempre que un hombre y una mujer se unen, ellos deberían tener la actitud que Moisés tuvo cuando se acercó a la zarza ardiente: «¡Aquí es tierra santa!» (Ex 3:5). Su actitud tiene que ser siempre de reverencia a su creador y para el misterio del matrimonio.

Como unión de un esposo y una esposa bajo Dios, el sexo cumple su ordenado propósito divino de una manera profunda: es tierno, pacífico y misterioso. Lejos de ser como un acto animal, él crea y expresa un vínculo único de un amor profundo, de auto-entrega.

Cuando una pareja experimenta la esfera sexual de esta manera, ellos sienten que su unión no puede solo tener significado para la procreación. Al mismo tiempo, deben siempre estar conscientes que a través de su unión una vida nueva puede llegar. Si ellos son verdaderamente reverentes sentirán tal asombro por la santidad de este hecho que su yacer juntos será como una oración a Dios.

Sin Cristo, el hombre o la mujer que ha vivido una vida de impureza no puede captar la profundidad misteriosa de la esfera sexual. Pero en Cristo puede ocurrir una notable sanación: «Sabemos, sin embargo, que cuando Cristo venga seremos semejantes a él, porque lo veremos tal como él es. Todo él que tiene esta esperanza en Cristo, se purifica a sí mismo, así como él es puro» (1 Jn 3:2–3).

Lo que Dios ha unido

8

El matrimonio en el Espíritu Santo

Por eso yo, que estoy preso por la causa del Señor, les ruego que vivan de una manera digna del llamamiento que han recibido, siempre humildes y amables, pacientes, tolerantes unos con otros en amor. Esfuércense por mantener la unidad del Espíritu mediante el vínculo de la paz.

Efesios 4:1–3

CADA MATRIMONIO pasa a través de pruebas y crisis, pero éstas pueden dar lugar a un aumento del amor, y cada nueva pareja debiera recordar esto. El verdadero amor provee la fuerza necesaria para enfrentar cada prueba. Es decir hechos, actos de servicio mutuo en humildad y mutua sumisión. El verdadero amor nace del Espíritu Santo.

Con frecuencia no damos importancia a la hondura de esta verdad. Tendemos a descartar el verdadero amor como si fuera un endeble cuento de hadas o a utilizar tanta energía para encontrarlo que lo perdemos completamente. Sin embargo, el verdadero amor que surge del Espíritu Santo no es resultado del esfuerzo humano. Una pareja casada que experimenta sus bendiciones notará que su amor va creciendo con cada año que pasa,

a pesar de las pruebas que los dos puedan encontrar.
Luego de décadas de matrimonio, ellos todavía encontrarán gozo en hacer feliz el uno al otro. Como escribe
Jean, una conocida mía, que ha estado casada por más
de cuarenta años y que tiene expresiones de amor que no
requieren mucho bombo y platillo. A menudo el simple
gesto lo dice todo:

> Mi esposo, Chad, y yo hemos pasado por muchas luchas
> en nuestra relación del uno con el otro y con nuestros
> hijos. Sin embargo, a través de todas ellas nuestro
> amor ha crecido más fuerte. Una y otra vez nos mara-
> villamos del don que Dios nos dio en el otro. No creo
> que la relación hubiera existido nunca sin el romance
> —las pequeñas alegrías o sorpresas que nos damos el
> uno al otro confirman y renuevan nuestro amor una
> y otra vez—. Yo siempre quedo gratamente sorpren-
> dida cuando Chad, que es un escritor, me presenta un
> poema o trae a casa flores para nuestra mesa. Y de cómo
> le gusta que yo tenga una taza de café o galletas recién
> horneadas listas para él al final del día.
>
> Hemos descubierto que no hay nada más revitali-
> zador que una buena risa a medida que nos contamos
> entre nosotros las pequeñas experiencias del día, o
> cuando él me toma el pelo acerca de algo. . . . Es cierto
> que el matrimonio es un compromiso serio de por vida,
> pero creo que podemos también ser como niños en él y
> confiar en la guía de Dios, avanzando paso a paso. Tras-
> tabillamos solos; cometemos nuestros errores; tenemos
> nuestros desacuerdos y discusiones. Pero después nos
> amamos el uno al otro mucho más.

El espíritu abre un plano de experiencia enteramente diferente

Cuando dos personas buscan tener una relación más honda, más íntima, por lo general la expresan en términos de emociones mutuas, valores comunes, ideas compartidas y sentimientos de buena voluntad del uno para el otro. Sin menospreciar lo anterior, tenemos que reconocer que el Espíritu Santo abre un plano de experiencia enteramente diferente entre una esposa y un esposo.

Definitivamente, el amor marital basado en las emociones puede ser maravilloso, pero puede convertirse demasiado pronto en algo desesperado e infeliz. A la larga, éste es un cimiento inestable. El amor gana certeza y firmeza solo cuando es regido por el espíritu.

Si buscamos solo la unidad y el amor que es posible a nivel humano, permaneceremos como nubes que van suspendidas y a la deriva. Cuando buscamos unidad en el espíritu, Dios puede encender en nosotros un amor fiel que puede perdurar hasta el fin. El espíritu quema todo lo que no puede perdurar. Él purifica nuestro amor. El verdadero amor no se origina dentro de nosotros mismos, sino que es derramado sobre nosotros.

El matrimonio en el Espíritu Santo es un pacto de fidelidad. Donde no hay lealtad, no hay verdadero amor ni felicidad real. En nuestra sociedad, los matrimonios son probados como nunca antes, pero esto debe acrisolar y aumentar nuestro compromiso del uno con el otro. La fidelidad brota de la certeza interior de nuestro llamado. Viene de una alegre sumisión al plan de Dios.

En su *Confesión de fe*, de 1540, el anabaptista Peter Riedemann describe el orden de Dios para el matrimonio como abarcando tres niveles. El primero es el matrimonio de Dios con su pueblo, de Cristo con su iglesia y del espíritu con nuestro espíritu (1 Cor 6:17). El segundo es la comunidad del pueblo de Dios entre sí —justicia y común compañerismo en espíritu y alma—. El tercer nivel es la unidad entre un hombre y una mujer (Ef 5:31) la cual «es visible y comprensible para todos».[14]

Unidad de fe es la más segura base para el matrimonio

El apóstol Pablo traza también un paralelo entre matrimonio y unidad espiritual cuando exhorta a los esposos a amar a sus esposas: «Esposos, amen a sus esposas, así como Cristo amó a la iglesia y se entregó por ella» (Ef 5:25). Para los cristianos el matrimonio es un reflejo de la más profunda unidad: la unidad de Dios y su iglesia. En un matrimonio cristiano, por lo tanto, lo que más importa es la unidad del reino de Dios, en Cristo y en el Espíritu Santo. Por último, éste es el único fundamento sobre el cual el matrimonio puede ser construido. «Más bien, busquen primeramente el reino de Dios y su justicia, y todas estas cosas les serán añadidas» (Mt 6:33).

El matrimonio siempre debiera guiar a dos creyentes más cerca a Jesús y a su reino. No es lo suficientemente bueno que una pareja se case por la iglesia o por un ministro. Para ser atraídos más cerca a Cristo, cada uno de ellos debe estar completamente dedicado al espíritu del reino de Dios, y a la comunidad de la iglesia que le sirve y está bajo su dirección. Primero debe haber una unidad sincera de fe y espíritu. Solo entonces habrá verdadera unidad de alma y también de cuerpo.

Por eso es que (por lo menos tradicionalmente) tantas iglesias han sido reacias a bendecir la unión matrimonial de un o una de sus miembros con una o un cónyuge que no comparte su fe en Cristo (2 Cor 6:14). (En Esdras, capítulos 9 y 10, leemos cómo el profeta tiene que venir ante Dios y arrepentirse profundamente en nombre de todos los israelitas porque éstos estaban casados con mujeres de naciones paganas.) Por un lado, estas iglesias creen que cualquiera que es atraído por el amor y la justicia que profesa una verdadera iglesia cristiana no permanecerá siendo un «extraño». Por otro lado, ellas creen que a un matrimonio entre uno de sus miembros y otra persona que no es atraída por la iglesia y las premisas básicas de sus creencias, le faltaría la unidad espiritual necesaria para tener un vínculo matrimonial seguro.

No obstante, si una persona ya casada con alguien de una fe diferente desea unirse a la iglesia, yo como pastor haría lo máximo posible para preservar este matrimonio, siempre y cuando el nuevo miembro no se sienta entorpecido en la fe por el o la cónyuge.

Cuando el amor de un hombre y una mujer que desean estar casados es dedicado al Espíritu Santo y puesto bajo su dominio y dirección —cuando sirve a la unidad y justicia del reino de Dios— no hay razón para que los dos no deban casarse. Pero cuando una pareja carece de unidad espiritual, un matrimonio en la iglesia debe estar fuera de lugar. Si la iglesia es en verdad el cuerpo de Cristo, la unidad de sus miembros bajo Dios tiene que venir primero antes que todo lo demás.

Aquí se debe decir que las exigencias de un matrimonio piadoso nunca pueden igualarse a un sistema humano de respuestas o resolverse por medio de principios, reglas y regulaciones. Ellas solo pueden ser captadas a la luz de la unidad de Dios, por aquellos que han experimentado su espíritu, lo han aceptado y han comenzado a vivir de conformidad con él.

La propia esencia de la voluntad de Dios es la unidad. Esto es porqué Jesús, en su última oración, oró que sus seguidores fueran uno, así como él y el Padre eran uno (Jn 17:20–23). Fue el designio de Dios por la unidad que trajo el Pentecostés al mundo. Por medio de la efusión del espíritu, los corazones de las personas fueron encendidos, y ellas se arrepintieron y fueron bautizadas. Los frutos de su nueva vida no solo fueron espirituales. Los aspectos materiales y prácticos de sus vidas, también fueron afectados y aun revolucionados. Los bienes se reunieron y vendieron, y las ganancias fueron puestas a los pies de los apóstoles. Todos querían dar todo lo que tenían por amor. Además, nadie sufrió necesidad, y todos recibieron lo que él o ella necesitaba. Nada era retenido. No hubo leyes o principios para gobernar esta revolución. Ni siquiera Jesús dijo exactamente cómo ésta debería llevarse a cabo, sino solamente: «Si quieres ser perfecto, anda, vende lo que tienes y dáselo a los pobres, y tendrás tesoro en el cielo. Luego ven y sígueme» (Mt 19:21). En Pentecostés sencillamente ocurrió eso: el espíritu descendió y unió los corazones y vidas de aquellos que creyeron (Hch 2:42–47).

El espíritu nos libra de mezquindades y trae unidad de corazón

Una unidad genuina, como la alegría o el amor, no puede ser forzada o creada artificialmente. Solo el espíritu puede traer unidad. Solo el espíritu puede liberarnos de nuestras mezquindades y de las fuerzas de culpa y pecado que nos separan de Dios y los unos de los otros. Por supuesto que podemos tratar de liberarnos a nosotros mismos, con nuestra propia voluntad, de estas fuerzas, y puede que seamos capaces de vencerlas hasta cierto grado y por cierto período de tiempo. Pero debemos recordar que, finalmente, solo el espíritu de amor puede vencer los deseos carnales.

Para decirlo de nuevo, nunca debemos olvidar nuestra dependencia de la guía del Espíritu Santo (Gál 5:25). Incluso dentro de un matrimonio, si nuestra relación está basada solo en sentimientos mutuos o valores comunes y no en el espíritu, corremos el riesgo de ser engullidos por lo erótico y emocional. Nosotros mismos no somos capaces de provocar la unidad espiritual en la que dos corazones llegan a ser uno. Eso solo puede pasar cuando nosotros mismos permitimos ser poseídos y transformados por algo más grande.

Cuando un matrimonio está anclado en el Espíritu Santo, ambos cónyuges sentirán que su amor no es una posesión privada sino un fruto y un don del amor de Dios que incluye a todos. Ellos todavía tendrán que combatir el egoísmo, la superficialidad u otros desórdenes, pero si siguen con su corazón abierto, el espíritu siempre les levantará los ojos a Dios y a su ayuda.

El espíritu tiene que venir a cada uno de nosotros, seamos casados o solteros, una y otra vez. Dios quiere transformar todas las cosas en nuestro corazón y darnos la fuerza del amor. En su Primera Carta a los Corintios, Pablo dice: «No hay nada que el amor no pueda enfrentar, no hay límite a su fe, a su esperanza y a su resistencia. El amor jamás se extingue» (1 Cor 13, 7-8). El amor nace del Espíritu Santo, y un verdadero matrimonio solamente puede ser concebido —y perdurar— en el espíritu.

9

El misterio del matrimonio

*Sométanse unos a otros, por reverencia a Cristo.
Esposas, sométanse a sus propios esposos como al
Señor. Porque el esposo es cabeza de su esposa, así
como Cristo es cabeza y salvador de la iglesia, la
cual es su cuerpo. Así como la iglesia se somete a
Cristo, también las esposas deben someterse a sus
esposos en todo. Esposos, amen a sus esposas, así
como Cristo amó a la iglesia y se entregó por ella
para hacerla santa. Él la purificó, lavándola con
agua mediante la palabra, para presentársela a sí
mismo como una iglesia radiante, sin mancha ni
arruga ni ninguna otra imperfección, sino santa
e intachable. Así mismo el esposo debe amar a su
esposa como a su propio cuerpo. El que ama a su
esposa se ama a sí mismo, pues nadie ha odiado
jamás a su propio cuerpo; al contrario, lo alimenta
y lo cuida, así como Cristo hace con la iglesia,
porque somos miembros de su cuerpo. «Por eso
dejará el hombre a su padre y a su madre, y se unirá
a su esposa, y los dos llegarán a ser un solo cuerpo.»
Esto es un misterio profundo; yo me refiero a Cristo
y a la iglesia.*

Efesios 5:21–32

EN EL ORDEN DE DIOS, el matrimonio y la familia se originan en la iglesia. La iglesia es la expresión primaria de Dios de su amor y justicia en el mundo. En la iglesia, el matrimonio se puede consumar y recibir su verdadero valor. Sin la iglesia, éste está condenado a ser vencido por las fuerzas dominantes y destructivas de la sociedad.

El matrimonio es más que un vínculo entre un esposo y una esposa

Muy pocas personas en nuestro tiempo entienden que el matrimonio contiene un misterio más profundo que el vínculo de un esposo y una esposa, es decir, la unidad eterna de Cristo con su pueblo. En un auténtico matrimonio la unidad entre esposo y esposa reflejará esta profunda unidad. No es solo un vínculo entre un hombre y una mujer, ya que es sellado por el vínculo mayor de la unidad entre Dios y su pueblo. Este vínculo siempre tiene que venir primero. En mi iglesia afirmamos esta unidad en el bautismo y la reafirmamos en cada celebración de la cena del Señor, y la recordamos nosotros mismos en cada boda. De hecho, sin ella el matrimonio más feliz no dará fruto permanente.

¡Cuán poco vale el pacto del matrimonio cuando es solo una promesa o un contrato entre dos personas! Cuán diferente sería el estado de la familia contemporánea si los cristianos, dondequiera, estuvieran dispuestos a colocar la lealtad a Cristo y su iglesia por encima de sus matrimonios.

Para aquellos que tienen fe, Cristo —el único que en verdad une— siempre está entre el amante y el amado. Es su espíritu quien les da acceso sin trabas el uno al otro. Por eso, cuando el pecado entra a un matrimonio y nubla el verdadero amor, un fiel discípulo seguirá a Jesús en la iglesia, y no a su cónyuge extraviado.

El amor emocional protestará ante esto porque es propenso a no respetar la verdad. Incluso puede tratar de entorpecer la luz clara que viene de Dios. Es incapaz y renuente a soltar una relación, aun cuando se hubiera convertido en falsa y fingida. Pero el verdadero amor nunca sigue lo malo: se goza en la verdad (1 Cor 13:6). Ambos cónyuges casados deben reconocer que la unidad de fe es más importante que el vínculo emocional de su matrimonio. Cada uno de nosotros que reclamamos ser un discípulo tenemos que preguntarnos: «Si mi lealtad fundamental no es a Jesús ni a la iglesia, ¿a quién es?» (Lc 9:57–60).

Cuando la pequeña unidad de una pareja casada es colocada bajo la más grande unidad de la iglesia, su matrimonio se vuelve firme y seguro en un nuevo y más hondo nivel por cuanto es colocado en la unidad de todos los creyentes. No es muy sorprendente que esta idea sea extraña a mucha gente, sin embargo contiene una verdad que yo he presenciado repetidas veces. Tómese por ejemplo la historia de Harry y Betty, una pareja mayor que llegué a conocer bien durante sus últimos años juntos. En las palabras de Betty:

> Harry y yo nos casamos en junio de 1937, en Inglaterra. Aunque al comienzo sentimos que nuestro matrimonio estaba fundado bajo Dios, no pasó mucho tiempo antes que nuestras luchas comenzaran. Harry, que bregó con inclinaciones homosexuales toda su vida, me fue infiel, y entonces me dejó. Varias veces trató de hacer lo correcto, pero parecía que nunca era capaz de romper

con el pecado que le ataba. Durante nuestros largos años de separación, amigos íntimos estuvieron al lado de él y del mío, y eso fue un gran apoyo.

Cuando llegaron cartas deprimentes de Harry, yo me desanimé, y algunas veces dejé de orar por él. Pero siempre volvía a hacerlo, ya que era la única cosa que yo podía hacer para ayudarlo. Yo sabía que con Dios todo es posible, y tenía la esperanza de que algún día Harry pudiera ser restaurado a Cristo y a la iglesia. . . .

Ahora nunca puedo dejar de maravillarme del milagro que fue cuando él regresó a mí en sus años de viejo. Nosotros no habíamos estado juntos por más de cuarenta años. Pero yo amé estar con él durante los últimos años que compartimos: fue tan diferente. Era humilde y recto y como un niño. Llegó a querer a mis amigos y a nuestros vecinos, y ellos lo querían. Harry y yo leíamos juntos la Biblia y sus himnos favoritos. Él estuvo muy cerca de Jesús en sus últimos meses.

Pienso en él cada día y siempre atesoraré el tiempo que tuve con él. Creo que estaba tan cerca al reino como yo lo estoy. Yo me enamoré de él una y otra vez y vi demasiado tarde las cosas que hubiera podido hacer. Pero Dios es fiel y cumple sus promesas. Mi fe descansa en esto, y yo tengo paz.

Betty fue muy modesta para decirlo, pero si no hubiera sido por su constante oración y su fidelidad a Jesús, Harry nunca habría podido encontrar su camino de regreso a Dios y a la fe, mucho menos volver a ella. Sus dos últimos años juntos son un testimonio de fe y del poder de sanación de un amor sin acomodos. ¡Qué contraste con la cultura de hoy en día, donde muchas personas parecen que pensaran que mientras más independiente es edificado un matrimonio, más firme que es! Algunos todavía piensan que una pareja, mientras más pueda ser eximida de las «restricciones» de sus obligaciones el uno para con el otro, más feliz será. Esta es una presuposición completamente falsa. Solo cuando un matrimonio está cimentado en el orden de Dios y en la base de su amor, éste puede perdurar. Un matrimonio está edificado en la arena a menos que esté construido en la roca de la fe.

El hombre y la mujer tienen diferentes tareas, y ellos deben complementarse el uno al otro

El convencimiento de que el amor a Cristo y a su iglesia debe tener prioridad sobre todo lo demás es también importante para entender la diferencia entre un hombre y una mujer. Evidentemente, Dios ha dado a cada uno de ellos naturalezas y tareas diferentes, y cuando éstas son alcanzadas correctamente en un matrimonio en la iglesia, la armonía y el amor abundarán. Mi padre, J. Heinrich Arnold, escribe:

> Obviamente, existen diferencias biológicas en la conformación del varón y de la mujer. Pero es completamente materialista pensar que la diferencia entre un hombre y una mujer es meramente biológica. La mujer anhela absorber a su amado dentro de sí misma. Ella es designada por naturaleza para recibir y perdurar; concebir, resistir, cuidar y proteger. El hombre, por otro lado, desea entrar en su amada y llegar a ser uno con ella. Él ha sido hecho para iniciar y penetrar en vez de recibir.[15]

Se ha dicho que el cuerpo está moldeado por el alma, y este es un pensamiento profundo. El alma, el soplo de Dios, la más recóndita esencia de cada ser humano, forma un diferente cuerpo para cada uno. La pregunta nunca es quién es más elevado. Ambos hombre y mujer fueron hechos a imagen de Dios, ¿y qué puede ser más grande que eso? No obstante existe una diferencia: Pablo compara el hombre a Cristo y la mujer a la iglesia (Ef 5:22–24). El hombre, como la cabeza, representa el servicio de Cristo. La mujer, como cuerpo, representa la dedicación de la iglesia. Hay una diferencia en el llamado, pero no hay diferencia en el merecimiento.

María es símbolo de la iglesia. En ella reconocemos la verdadera naturaleza de la femineidad y la maternidad. La mujer es como la iglesia porque ella recibe y lleva la palabra en ella (Lc 1:38) y trae vida al mundo al mantener la voluntad de Dios. Esta es la cosa más grande que se puede decir de un ser humano.

El amor de la mujer es diferente al del hombre. Tiende a ser más constante, más en consonancia con su naturaleza fiel. Está dedicada a proteger y guiar a todos aquellos a su cuidado. El amor del hombre, por otro lado, sale al encuentro de los otros y los desafía. Es el celo pionero del apóstol, del representante de Cristo: ¡Sal y junta! Enseña a toda la gente. Sumérgelos en la atmósfera de Dios, en la vida de Dios el Padre, el Hijo y el Espíritu Santo (Mt 28:18–20). Pero tanto la tarea del hombre como la de la mujer están siempre unidas a la tarea de la iglesia.

Ambos, Pablo y Pedro, señalan que el esposo es la cabeza de su esposa, no en sí mismo sino en Cristo (1 Cor 11:3). Esto no significa que el hombre sea «superior»; el hecho de que la mujer es sacada del hombre y el hombre nace de la mujer muestra que ellos son dependientes el uno del otro en todo sentido (1 Cor 11:11–12).

De nuevo, los dones y responsabilidades del uno no son más dignos que aquellos del otro; son simplemente diferentes. En el orden de Dios sobre el matrimonio, ambos esposa y esposo encontrarán sus legítimos lugares, pero ninguno regirá al otro. El amor y la humildad regirán.

Pertenece al mal de nuestros días que hombres y mujeres por igual eviten las responsabilidades que Dios les ha encomendado. Las mujeres se rebelan contra la inconveniencia del embarazo y los dolores del parto, y los hombres contra la carga del compromiso con los hijos, que ellos procrean y las mujeres dan a luz. Tal rebelión es una maldición en nuestro tiempo. Guiará a las futuras generaciones por mal camino. La mujer fue designada por Dios a tener hijos, y un hombre verdadero respetará y amará a su esposa con mayor razón por esto. Pedro nos exhorta:

> De la misma manera, ustedes, los esposos, sean comprensivos con ellas en su vida matrimonial. Hónrenlas, pues como mujeres son más delicadas, y además, son coherederas con ustedes del don de la vida. Así las oraciones de ustedes no encontrarán ningún estorbo. (1 Pe 3:7 RVC).

Es claro que la diferencia entre el hombre y la mujer no es absoluta. En una verdadera mujer existe hombría luchadora, y en un verdadero hombre existe la sumisión y humildad de María. Además, porque el hombre es la cabeza, él dará la guía, aun si él es una persona muy débil. Esto no debe ser tomado como si el hombre fuera un jefe supremo y la mujer su sierva. Si el hombre no guía con amor y humildad —si él no guía en el espíritu de Jesús— su supremacía se volverá tiranía. La cabeza tiene su lugar en el cuerpo, pero no lo domina.

Cuando yo caso a una pareja, siempre le pregunto al novio si él está dispuesto a guiar a su esposa «en todo lo que es bueno», lo cual básicamente quiere decir guiarla más profundamente a Jesús. De la misma manera, pregunto a la novia si ella está dispuesta a seguir a su esposo. Sencillamente es cuestión de ambos de seguir a Jesús juntos.

El verdadero liderazgo significa un servicio de amor

En la Carta a los Efesios, Pablo señala el amor de auto-sacrificio que está en la base del verdadero liderazgo: «Esposos, amen a sus esposas, así como Cristo amó a la iglesia y se entregó por ella» (Ef 5:25). Esta tarea, la tarea de amar, es en efecto la tarea de cada hombre y mujer, sea si están casados o no.

Cuando tomamos las palabras de Pablo muy en serio, experimentamos la verdadera unidad interna de una relación regida por el amor —un diálogo interior del corazón a Dios de ambos cónyuges juntos—. Solo entonces la bendición de Dios descansará en nuestro matrimonio. Con constancia buscaremos a nuestro amado de nuevo y continuamente nos ocuparemos de maneras para servirnos el uno al otro en el amor. Lo más maravilloso de todo es que encontraremos gozo perdurable. Como escribe Tertuliano, un padre de la iglesia:

¿Quién puede describir la felicidad de un matrimonio contraído en la presencia de la iglesia y sellado con su bendición? ¡Qué dulce yugo es el que aquí une a dos personas creyentes en una esperanza, un estilo de vida, un voto de fidelidad y un servicio a Dios! Ellos son hermano y hermana, ambos ocupados en el mismo servicio, sin separación de alma y cuerpo sino como dos en una carne. Y donde hay una carne, hay también un espíritu. Juntos ellos oran, juntos se arrodillan: una persona enseña a la otra, y sostiene a la otra. Ellos están unidos juntos en la iglesia de Dios, unidos en la mesa del Señor, unidos en la ansiedad, la persecución y la recuperación. Ellos compiten entre sí en el servicio a su Señor. Cristo ve y oye, y jubilosamente les envía su paz, pues donde dos están reunidos juntos en su nombre, allá está él en medio de ellos.[16]

10

Lo sagrado del sexo

Tengan todos en alta estima el matrimonio y la fidelidad conyugal, porque Dios juzgará a los adúlteros y a todos los que cometen inmoralidades sexuales.

Hebreos 13:4

HAY DOS PELIGROS en el sexo: por un lado, temor a la auto-entrega o la intimidad que una relación física requiere, y temor al sexo por considerarlo sucio y vergonzoso; y por otro lado, desenfrenada lujuria y pecado. Efectivamente, la esfera sexual no es incorruptible. Incluso las bendiciones potenciales del matrimonio se convierten en peligros si se entra en él separado de Dios, quien lo creó. En vez de pasión hay evidente lujuria, en vez de ternura hay agresión y aun brutalidad, y en lugar de un mutuo darse el uno al otro hay deseo incontrolable.

La iglesia nunca debiera estar silenciosa en cuanto a estos temas (1 Cor 5:1–5). El espíritu de impureza está siempre esperando para tentarnos, y se escurrirá en el santuario del matrimonio en cuanto le abramos la puerta. Una vez que la impureza ha entrado en el matrimonio, es más y más difícil seguir centrado en el amor a Dios, y más y más fácil evitar el encuentro del uno con el otro y sucumbir a las tentaciones malignas.

Nunca debemos subestimar el poder de los espíritus impuros que impulsan a la gente a hacer lo malo, incluso en el matrimonio. Una vez bajo su control, el sexo pierde rápidamente sus más nobles cualidades y se transforma en algo barato. Lo que fue creado por Dios como un don maravilloso llega a ser algo siniestro, una experiencia destructora de la vida. Solo el arrepentimiento puede traer sanación y restauración.

A través de la unión sexual puede tener lugar una integración incomparable

Podemos reconocer la verdadera naturaleza de la esfera sexual más claramente cuando vemos su sacralidad como cumplimiento del amor conyugal consagrado por Dios. Es lo mismo con el acto de la relación sexual, el momento en que el amor conyugal llega a su más completa expresión física. Por cuanto la relación sexual es una dramática y poderosa experiencia, es vital que ella esté anclada en Dios. Si el sexo no es reconocido como un don de Dios y subordinado a él, puede llegar a ser un ídolo. Sin embargo, introducido con reverencia, él «despierta eso que es más íntimo, más sagrado, más vulnerable en el corazón humano».[17]

En un verdadero matrimonio, el sexo es guiado por más que el simple deseo de cada cónyuge: es guiado por el amor que los une a ambos. Cuando ambos cónyuges se dan a sí mismos en completa entrega al otro, una unidad de incomparable profundidad toma lugar. No será solo «amor físico»; será la expresión y cumplimiento de amor total, un acto de darse incondicionalmente y una profunda plenitud.

El darse uno físicamente a otra persona es una experiencia excepcional y maravillosa. El orgasmo, el clímax o punto culminante de la unión física, es una poderosa y conmovedora experiencia que tiene un efecto contundente en el espíritu. Aquí la experiencia del cuerpo es tan poderosa que es difícil distinguirla de la experiencia del espíritu. En rítmica armonía de corazón y cuerpo, dos seres humanos alcanzan la más alta cima del gozo de amor. En total unión, ambos son levantados fuera de sus propias personalidades y son unidos en la más estrecha comunidad posible. En el momento del clímax una persona es, como quien dice, arrollada, envuelta tan completamente que el sentido de ser una persona independiente es momentáneamente sumergido.

La unión física debe expresar siempre la unidad de alma y corazón

Nunca podremos tener demasiada reverencia hacia la relación sexual. Aunque rechacemos la mojigatería, un sentimiento de retraimiento nos hará cautelosos al hablar de ella con otras personas. Por supuesto, un hombre y una mujer unidos en matrimonio tienen que ser capaces de hablar abiertamente entre sí, aun acerca de las cosas más íntimas. Pero ellos nunca harán esto sin la reverencia que brota de su amor mutuo.

Es de suma importancia que una pareja no vaya a la cama de noche sin primero haber buscado a Jesús. No es necesario usar muchas palabras; Jesús siempre sabe qué es lo que deseamos decir y qué necesitamos. Tenemos no solo que agradecerle sino también buscar su guía —si no tocamos a su puerta, él no puede guiarnos—. Lo mismo, por supuesto, es cierto al comienzo del día.

Si nuestro matrimonio está enraizado en Jesús y en su amor y pureza, encontraremos la correcta relación del uno con el otro a todo nivel. Aquí debemos tener en cuenta la advertencia de Pablo: «Si se enojan, no pequen. No dejen que el sol se ponga estando aún enojados, ni den cabida al diablo» (Ef 4:26–27). La oración es crucial para reconciliar las diferencias que surgen en la relación del matrimonio. Unirse físicamente cuando no hay unidad de corazón es hipocresía. Es una profanación del vínculo del amor.

La unión física debe siempre expresar la completa unión de espíritu y alma; nunca debe ser un medio solo de satisfacción corporal. En Jesús, todo acto físico de amor es una mutua entrega de sí, un signo de la decisión de vivir el uno para el otro. No tiene nada que ver con el poder o la idea del sexo como conquista.

Cualquier persona que use a su cónyuge para satisfacerse meramente a sí misma insulta su propia dignidad y la dignidad de su pareja. Esta persona está usando el sexo para un propósito egoísta. Es por esto que la Biblia considera un pecado que un hombre se retire de su esposa antes del clímax y que deje que su semen «se derrame en el suelo» (Gn 38:9–10). Por supuesto, si esto sucede contra su voluntad, precozmente, o en un sueño, entonces no es un pecado. Por la misma razón, la relación sexual oral o anal es también pecaminosa. Ya que estas relaciones son motivadas solo por el deseo egoísta por excitación sexual, estas formas de sexo en realidad son formas de masturbación mutua.

La verdadera realización sexual se encuentra en la mutua sumisión

El deseo sexual puede estar relativamente inactivo en una pareja recién casada, especialmente cuando ninguno de los cónyuges se ha comprometido en sexo premarital o ha sido adicto a la masturbación. De hecho, una esposa incluso puede necesitar ser motivado al deseo sexual por su esposo. Ya que éste puede tomar tiempo, el esposo debe ser muy paciente e iniciar la unión sexual solo cuando su esposa esté lista. Para una virgen, el primer acto sexual puede ser doloroso y puede causar algún sangrado. Esto no es causa de alarma; sin embargo, el esposo debe estar al tanto del malestar de su esposa.

Un esposo amoroso tiene suficiente cuidado de su esposa para considerar su estado de disposición y no apurarse en la relación sexual por su propia impaciencia. Porque como él está preocupado no simplemente por su propia satisfacción, será sensible al hecho de que con frecuencia una esposa necesita más tiempo para alcanzar el clímax que un hombre, y después del acto sexual, él no se va simplemente a dormir mientras que su esposa se queda acostada despierta con sentimientos de hondo desánimo y enojo.

La felicidad sexual de una mujer es a menudo más dependiente que la del hombre del acompañamiento de las circunstancias de su unión, de la proximidad que siente entre ella y su esposo, y de los pequeños hechos de bondad o palabras cariñosas. No consiste solamente en el clímax. Estar sencillamente junto con su esposo puede darle a ella el más hondo sentido de plenitud.

Una pareja debiera aprender cómo prepararse entre sí para la unión física. La estimulación amorosa es una afirmación fuerte de la unidad mutua, y además de aumentar la buena disposición, nutre la confianza y envuelve a la pareja en un sentimiento de seguridad. Ambos, esposo y esposa, deben aprender qué da placer y excita a su cónyuge. Escribiendo acerca de las mujeres, por ejemplo, von Gagern dice: «Hay áreas del cuerpo que son especialmente receptivas para acariciar —la boca, los pechos, bajo los brazos, la columna vertebral— pero el amor único y propio que se tiene una pareja entre sí constantemente los guiará de formas nuevas».[18]

Como autodisciplina, la abstinencia puede ahondar el amor de la pareja

Físicamente, el acto sexual siempre es posible, pero un esposo debe estar listo a abstenerse por el bien de la salud de su esposa, especialmente antes y después que ella da a luz. Como consejero matrimonial siempre he recomendado abstinencia durante la menstruación y por lo menos seis semanas antes del nacimiento de un hijo. También recomiendo que las parejas se abstengan lo más que puedan después de un nacimiento, para que la madre pueda recuperarse física y emocionalmente. Dado que cada pareja es diferente, es difícil sugerir un período de tiempo; lo importante es tener consideración. Si el esposo es realmente considerado con su esposa, estará dispuesto a disciplinarse por sí mismo para abstenerse por tanto tiempo como sea posible (1 Ts 4:3–5). En tales tiempos de abstinencia, por el amor a su esposo, la mujer tiene que ser cuidadosa para no excitarlo sexualmente.

Desde luego, el amor entre esposo y esposa —entre dos que viven juntos, duermen juntos y se pertenecen mutuamente— les hará mucho más difícil abstenerse que a una persona soltera. Con mayor razón ellos deben tener cuidado de acercarse uno al otro de una manera sexual para evitar el acto sexual.

Una idea sin fundamento, pero prevalente, es que la abstinencia tiene que ser fundamentalmente negativa o frustrante. Si nace del amor, puede en efecto crear una relación más profunda, más enriquecedora. Puede aún tener un efecto sanador. John Kippley, el fundador de un ministerio nacional para parejas, cuenta cómo una mujer que él conoció, y que fue abusada por su padre, experimentó una sanación por medio de la consideración de su esposo a sus necesidades. «Gracias al autocontrol de él —ella le dijo a John— fui capaz de descubrir por primera vez que yo era más que mi cuerpo. Podía ser amada sin tener que desempeñarme sexualmente. Tenía verdadero valor como persona, no solo como un objeto de complacencia».

A medida que una mujer se aproxima a la edad madura, no es inusual que para ella disminuya su gozo o interés en las relaciones sexuales. Esto puede ser difícil para su esposo; sin embargo, él debe velar que su amor para su esposa no disminuya. Las esposas, por su parte, deben darse ellas mismas en amor a sus esposos como mejor puedan, aun si el gozo al hacerlo así no es el mismo que en los primeros años (1 Cor 7:3-4). En caso contrario, un esposo puede ser tentado a buscar otra válvula de escape para sus impulsos sexuales. Lo importante es que haya siempre unidad de alma y espíritu antes de la unión física y que, cuando la abstinencia es necesaria, ello no llegue a ser una ocasión para que el amor se enfríe. Pablo escribe:

> No se nieguen el uno al otro, a no ser de común acuerdo, y solo por un tiempo, para dedicarse a la oración. No tarden en volver a unirse nuevamente; de lo contrario, pueden caer en tentación de Satanás, por falta de dominio propio (1 Cor 7:5).

La abstinencia, entonces, puede ser mejor aprovechada con ayuno y oración, con autodisciplina. Cuando es voluntariamente aceptada así, puede unir a la pareja más profundamente que nunca.

Al fin y al cabo, todo en un matrimonio depende del compromiso de ambos cónyuges a Jesús y en la voluntad de seguir su guía. Las parejas deben recordar que fue Dios quien los unió, y solamente él puede mantenerlos juntos, especialmente en tiempos difíciles. Jesús dice: «El que pierda su vida por mi causa, la salvará» (Lc 9:24). Lo mismo es cierto en el matrimonio cristiano: en tanto que ambos cónyuges están dispuestos a darse mutuamente el uno al otro una y otra vez, y a Cristo, ellos encontrarán la verdadera plenitud de unidad y libertad.

II

La paternidad
y el don de los hijos

Hijos, obedezcan en el Señor a sus padres, porque
esto es justo. «Honra a tu padre y a tu madre
—que es el primer mandamiento con promesa—
para que te vaya bien y disfrutes de una larga vida
en la tierra.» Y ustedes, padres, no hagan enojar a
sus hijos, sino críenlos según la disciplina e instruc-
ción del Señor.

Efesios 6:1–4

VIVIMOS EN UN MUNDO donde la estructura de la
vida familiar está sometida a profundos cambios tanto
en países ricos como pobres. El concepto de familia
como una unidad sólida y cohesiva se pierde rápidamente. Incluso tenemos miedo de definir lo que es una
familia porque no queremos ofender a nadie.

Por años los psicólogos han advertido de los efectos
de matrimonios destruidos, embarazos de adolescentes, hogares violentos y otras enfermedades sociales,
pero sus advertencias han sido en vano. Ahora estamos
recogiendo una cosecha amarga. Todo esto hace más
urgente que nunca el redescubrir el designio original de
Dios al crear al hombre y a la mujer, y al bendecirlos con
los hijos.[19]

Tener hijos hoy requiere valor

La sociedad moderna menosprecia a la familia. Para una familia con varios hijos es difícil encontrar una casa, y en muchos lugares es imposible alquilar un apartamento aunque solo se tenga un hijo. Los niños no son bienvenidos, simplemente. Muchas personas piensan que es lamentable abandonar trabajos u otras ocupaciones para tener hijos, y a menudo miran mal a las mujeres que escogen quedarse en casa para criar a los hijos en lugar de ocuparse de una carrera más «aceptable».

Tener hijos en estos tiempos en verdad que exige un gran valor, pero eso es lo que significa la fe: no saber lo que está delante y aun así confiar que Dios tiene puesta su mano sobre todas las cosas y tendrá la palabra final. Más que nunca, los padres necesitan confiar en Dios. La salud de una sociedad (y la salud de cualquier iglesia o movimiento dentro de la sociedad) depende de la fuerza de sus matrimonios. Donde hay reverencia para con Dios, existen familias fuertes y estables, pero tan pronto como aquella se pierde, ocurre una rápida desintegración y decadencia.

Aquellos que saben lo que significa ver la sonrisa de un niño por primera vez, amarlo o amarla, y sentirse amado en respuesta, saben algo de la grandeza de Dios y de la cercanía de la eternidad en cada niño. Ellos saben que su niño no es como cualquier otro, y que ningún otro niño podría reemplazar a este único pequeño en su corazón. Ellos también reconocen que traer un niño al mundo es una responsabilidad transida de asombro —una responsabilidad que solo crece conforme crece el niño— y perciben cuán débiles y

pecadores son para —solo con sus propias fuerzas—
criar aunque sea a un niño.

Pero el reconocimiento de nuestra insuficiencia no
debe llevarnos a la desesperación. Debe hacernos reconocer cuán dependientes somos de la gracia. Solamente
el adulto que permanece como un niño delante de la
gracia de Dios es apto para criar a un niño.

¿Sobre qué base debe ser edificada una familia?

Si pensamos en comenzar una familia, nuestra primera
pregunta debe ser: ¿Sobre qué fundamento? Una dedicación completa a Cristo y a su iglesia es la única base
confiable. Solo sobre él podemos edificar una vida
familiar rica y satisfactoria resistente a las fuerzas que
la atacan.

La tarea de toda pareja es criar a sus hijos en el lugar
de Dios, representando al creador. El padre y la madre
están en el lugar de Dios especialmente para el hijo
pequeño. Esta es la razón la que el mandamiento de
honrar a padre y madre es tan importante en la crianza
de todo niño desde el principio. Sin él, el mandamiento
de honrar a Dios no tiene para el niño un sentido real.
De hecho, todo niño busca instintivamente la seguridad
del padre, de la madre y de Dios. De ahí que sea terrible
cuando los padres no satisfacen este anhelo de seguridad, cuando ellos entienden el ser padres solo como un
rol que cumplir y no son realmente padres o madres.
Los niños percibirán tal hipocresía donde quiera que
ello ocurra, y estarán resentidos, amargados y rebeldes
cuando se hagan mayores.

Lo mismo es cierto si una pareja vive en disensión
—si, por ejemplo, una esposa no apoya la tarea de su

esposo como cabeza de la familia, o si un esposo no ama y honra a su esposa—. Cuando los hijos no ven una imagen de Dios en sus padres, ellos tendrán problemas más tarde para encontrar una base firme y saludable para sus vidas. Incluso pueden experimentar dificultades emocionales.

Una vez aconsejé a una familia que había conocido desde que sus cuatro hijos eran muy jóvenes. Los padres tuvieron todas las buenas intenciones, pero estaban divididos acerca de quién tenía el rol de guiar a la familia. Mientras a los amigos y vecinos se les proyectaba una imagen muy armoniosa, dentro de la familia se desarrollaron tensiones y rivalidades. Al crecer sus hijos, sus padres estaban tan desunidos como para guiarlos con propiedad, de modo que dieron un pobre ejemplo a seguir.

Ahora sus hijos son adultos. Todos ellos son amables, brillantes y talentosos, pero están dando tumbos. Ya que sus padres nunca enfrentaron los elementos de desconfianza y desunión en su matrimonio, estos adultos jóvenes hoy encuentran muy difícil confiar en cualquier persona. Como sus padres, es difícil para ellos ser sinceros y honestos entre sí, y siempre necesitan sentir que están en control de las cosas. Tristemente, no se dan cuenta de cómo esto los aísla de otras personas, y se han vuelto solitarios y desilusionados. Lo peor de todo es que sus expectativas están completamente desconectadas de la realidad, y parece que piensan que el mundo les debe una existencia exitosa.

Es de suma importancia que, desde el primer día, la vida de un hijo o hija esté rodeada de amor y reverencia hacia Dios. En la misma medida que los hijos experimenten el amor que sus padres se tienen entre sí, en esa misma medida ellos encontrarán la seguridad interior que necesitan para desarrollarse y crecer.

En asuntos de disciplina, el esposo y la esposa deben hacer lo posible para estar completamente de acuerdo en lo que esperan en términos de comportamiento de sus hijos. Los hijos no tienen que decidir cuál de ellos está en lo correcto. Su posición debe ser una de confianza, no de juicio. Ellos buscan unos límites consistentes y una seguridad que proviene de la unidad, el amor y el respeto mutuo. Estas cosas son la base del verdadero amor a los hijos.

Los hijos necesitan ejemplos vivientes, no palabras religiosas

Los primeros cinco años de la vida de un niño son los más formativos, y por eso es el mejor tiempo para que los padres ofrezcan vitalmente a Jesús y al evangelio a sus hijos. Esto se puede hacer sencillamente hablándoles sobre el nacimiento de Jesús, sobre su muerte y resurrección. Todas estas cosas pueden conmover el corazón de los niños a una edad sorprendentemente temprana y despertar en ellos un amor a Dios y a Jesús.

No obstante, no podemos llevar a nuestros hijos a Jesús si él solamente es una figura en nuestras Biblias. Los niños siempre querrán venir a Jesús, pero ellos se rebelarán instintivamente contra una falsa piedad. Como Blumhardt una vez dijo: «Si tratamos de arrastrar a los niños al reino por medio de nuestra religiosidad, ellos huirán de nuestros hogares piadosos tan rápido como puedan».[20] Por eso debemos ser cuidadosos de no poner a nuestros hijos bajo ninguna presión o de llenarlos con charlas acerca de pecados que ellos ni pueden entender ni cometer. Queremos que tengan una actitud de niños hacia Dios, hacia Jesús y hacia la Biblia. No es de utilidad, por ejemplo, hacer que los hijos aprendan incluso los más cortos pasajes de las Escrituras si Dios no les habla directamente a sus pequeños corazones. En lugar de intentar «enseñar» a los niños fe, es mejor para sus padres vivir la fe con el ejemplo de una forma espontánea, genuina. Cuando nuestros niños ven que nosotros, sus padres, confiamos en Dios para todas las cosas —cuando nos ven agradeciéndole a él y obedeciendo sus mandamientos— ellos sienten una urgencia interna de orar y de seguirlo espontáneamente.

Nuestra tarea es guiar a nuestros hijos, no controlarlos

Criar hijos requiere de una disciplina diaria, pero no debemos olvidar nunca que cuidarlos en el nombre de Dios significa guiarlos, no controlarlos. Los niños deben ser animados a vencerse a sí mismos y a mirar más allá de sus pequeños mundos desde una edad muy temprana, y deben aprender a respetar y amar a otros. No se les puede dejar a merced de cualquier disposición de ánimo, siguiendo todos sus caprichos sin restricción. Siempre son necesarias instrucciones claras y límites coherentes. En efecto, la disciplina es el más grande amor que les podemos mostrar (Heb 12:10–11). Pero restringirlos o aplastar sus espíritus no es amarlos.

Tenemos que recordar que cada hijo es un pensamiento de Dios (Sal 139:13–17) y tratar de entender por qué se dice que «un niño pequeño los guiará» (Is 11:6). Al guiar a nuestros hijos no podemos ni debemos tratar de formarlos según nuestras propias intenciones o planes. No debemos forzarlos en ninguna cosa que no haya nacido primero de ellos, que haya despertado dentro de sí o les haya sido dada por Dios. El Señor tiene una intención específica para cada niño; él tiene un plan para cada uno y lo lleva a cabo. Nuestra tarea es ayudar a cada niño a encontrar el propósito de Dios para él o ella y cumplirlo.

Realizar esta tarea quiere decir negarnos constantemente a nosotros mismos en nuestros esfuerzos humanos para guiar al niño. Algunas veces puede significar abstenerse de arrancar de los hijos sus propios pensamientos. Blumhardt nota cuán rápidamente dañamos nuestra relación con los hijos cuando interrumpimos sus pensamientos y su disposición alegre e intentamos influenciarlos con nuestras ideas o consejos o recomendaciones: «Cuando los dejamos sin molestarlos, los niños aprenden mucho mejor la obediencia y el respeto».[21]

Por supuesto que tenemos que estar en guardia contra la permisividad. La flojedad es a menudo fruto de una emotividad que no es saludable entre padres e hijos. Ella inhibe el espíritu infantil pues sujeta al niño a la actitud blandengue de un adulto que ha perdido la claridad de Cristo. Siempre tenemos que cuidar que nuestros hijos estén libres de tales ataduras.

Verdadera autoridad fortalece y estimula al niño

Los niños nunca deben sentirse maltratados si se les habla o reprende bruscamente. Ellos necesitan aprender a asumir su vida y enfrentarse a lo que haya pasado cuando se ha demostrado que estaban en el lado equivocado. No deben dar medias respuestas que pudieran significar una cosa y otra. Aunque cierta mirada aguda hacia los niños es saludable, la impaciencia no lo es, sobre todo cuando resulta en castigo corporal. Eberhard Arnold escribe que eso es una «declaración de bancarrota».

Los padres deben rechazar tanto la rudeza del castigo físico como el poder de la manipulación: ambas son formas de autoritarismo que fallan en ver seriamente al niño como portador de la imagen de Dios. La una falla en la misericordia, y la otra en la honestidad. Ambas fallan en el amor. La verdadera autoridad estimula y fortalece lo que es bueno en cada niño, guiándole decidir por sí mismo entre lo correcto y lo errado. Solo cuando guiamos a los hijos con confianza y amor ellos sentirán el deseo de luchar contra lo malo tanto en ellos como en cada uno de nosotros.

Doy gracias a Dios que tuve un padre que podía ser muy firme con nosotros sus hijos cuando era necesario. Como cualquier niño, me rebelé a veces contra su severidad, pero yo siempre supe que ello era un signo de su amor por mí. Desde la temprana infancia nuestros padres infundieron en nosotros el valor del quinto mandamiento, honrar a padre y madre. Sabíamos que si no los amábamos y honrábamos a ellos, estábamos deshonrando a Dios.

En cuanto a mi madre, mi padre insistió que nosotros como hijos le mostráramos respeto. Él no toleraba que la desobedeciéramos. Solo años después reconocí su sabiduría. Es la tarea del padre mantener en alto el respeto hacia la madre, pues es ella quien lleva la parte más pesada en la tarea de criar sus hijos, especialmente cuando son pequeños y están enfermos.

Aunque mi padre podía ser severo, ni una vez me sentí amenazado por él. Cuando me reprendía por haber hecho algo malo, yo podía contar con su completo perdón y su amor una vez que yo aceptaba mi responsabilidad y quería hacer enmiendas. Yo sabía que lo malo que había hecho sería perdonado, y que sería capaz de tener un comienzo fresco.

Mi padre me mostró el significado de una autoridad amorosa, una autoridad que solo Dios puede dar. En el corazón de cada hijo hay una deseo de oír un «no» cuando lo que se necesita es un «no», y un deseo de hacer las cosas bien cuando se sabe que se ha hecho algo malo. La verdadera autoridad paternal da seguridad interior a un hijo, porque le provee con estabilidad y le establece límites.

La mayoría de padres y madres no guían mal a sus hijos, y si lo hacen mal sin quererlo, probablemente también sufrirán las consecuencias seriamente con sus hijos. Algunos padres confían en sus habilidades para la crianza, y otros no, pero hay veces cuando ambos no sabrán qué hacer. Cuando este sea el caso, es vital que ellos encuentren la humildad para solicitar ayuda a alguien —bien sea un amigo íntimo, un pariente, un maestro, un pastor de confianza o un consejero familiar—. Por supuesto, la ayuda debe ser implementada de tal forma que tranquilice al niño en cuestión —y no a expensas de la relación con él—. Sin embargo, la ayuda del mejor experto, a fin de cuentas, puede ser un estorbo, no una ayuda. Digo esto porque, finalmente, el «éxito» en la crianza de los hijos no es un asunto de capacidad o sabiduría, sino de gracia. Mi padre escribió en relación a esto:

Cristo nos llama a que lleguemos a ser como niños, y esto quiere decir que tenemos que abandonarlo todo y llegar a ser completamente dependientes de Dios y los unos de los otros. Si como padres amamos a Dios con todo nuestro corazón y alma, nuestros hijos nos mostrarán una reverencia apropiada, y nosotros también tendremos reverencia para nuestros hijos y para el misterio maravilloso de convertirse en un hijo. La reverencia hacia el espíritu que vive entre padres e hijos es el elemento básico de una vida familiar feliz.[22]

La pureza de la niñez

*Por tanto, el que se humilla como este niño será el
más grande en el reino de los cielos. Y el que recibe
en mi nombre a un niño como éste, me recibe a mí.
Pero si alguien hace pecar a uno de estos pequeños
que creen en mí, más le valdría que le colgaran al
cuello una gran piedra de molino y lo hundieran en
lo profundo del mar.*

Mateo 18:4–6

LAS PALABRAS DE JESÚS nos muestran el gran
valor que tiene el alma de un niño pequeño a los ojos
de Dios. Espiritualmente, todo niño está cerca al trono
de Dios, al corazón de Dios, y cada niño tiene un ángel
guardián que siempre ve la cara del Padre en el cielo
(Mt 18:10).

Cuando un bebé viene al mundo es como si él o ella
trajeran consigo el aire puro del cielo. En cada nacimiento sentimos que algo de Dios ha nacido, que algo
de eternidad ha bajado a nosotros. La inocencia de un
niño es una enorme bendición.

*El espíritu infantil tiene que ser protegido
y también alimentado*

No obstante, a pesar de la inocencia de cada niño, hay
también una inclinación al pecado en cada uno (Sal 51:5).

Es por esto que es una cosa terrible guiar a un niño por el mal camino. Los niños se corrompen no solo cuando los desviamos intencionalmente al pecado, sino cuando los exponemos a lo que viola la atmósfera de inocencia a su alrededor y los priva del actuar como niños. Muchas de las imágenes a las cuales los niños son expuestos hoy en día —en televisión e internet, en los centros comerciales y en la escuela— son creadas por adultos obsesionados con el sexo, la violencia, el poder y el dinero. ¿Nos debe asombrar, pues, que los niños pierdan su espíritu infantil y su infancia misma?

Lo mejor que podemos hacer por nuestros niños es asegurar que la atmósfera en la que viven esté llena de espíritu de pureza y regida por el amor. La educación interior de los niños —la tarea de guiarlos a respetar y amar a Dios, a sus padres, a sus maestros, y a todos a su alrededor— es un privilegio santo. Aquí es de la mayor importancia que oremos para que el espíritu de Dios despierte la voluntad de nuestros hijos a lo que es puro, genuino y bueno. Guiar a los hijos para hacer lo que es bueno es mucho más importante que enseñarles a recitar versículos o a decir oraciones que pueden no venir del corazón. Por eso es que mi iglesia evita la instrucción religiosa formal como tal. Nos parece que los niños pueden aprender mejor amar a Dios por medio de canciones sencillas, historias de la Biblia y el diario ejemplo de adultos alrededor de ellos que se aman los unos a los otros.

Al guiar a los niños a Jesús es importante que nosotros mismos tengamos una actitud de niño hacia los mandamientos y dichos de Jesús, hacia el mundo de los ángeles y hacia la Biblia como un todo. ¡Qué rápida y sencillamente acogen los niños estas cosas en su corazón!

Nosotros también podemos llevar a nuestros niños hacia Dios a través del mundo a su alrededor, ayudándoles a percibir su presencia en todo lo que ven —el sol, la luna y las estrellas; los pájaros y animales; los árboles y las flores; las montañas y las tormentas—. Los niños quieren instintivamente vivir en la naturaleza y con la naturaleza, y en cada niño existe un amor por la tierra, un gozo en el cielo estrellado y una calurosa ternura por todo lo viviente. Para un niño, el mundo de Dios y sus ángeles a menudo es mucho más cercano y más real de lo que nosotros sospechamos.

A través de la naturaleza y de la Biblia, los niños se enfrentarán con el sufrimiento y muerte a una edad temprana. Mientras que es importante para nosotros enseñarles ser compasivos con aquellos que sufren, es igualmente importante no agobiarlos o atemorizarlos. Por lo general, demasiados datos acerca del ciclo de vida —de reproducción, nacimiento y muerte— puede perjudicar la experiencia interior del mundo de Dios de un niño. Nacimiento y muerte son misterios que solo pueden ser entendidos en relación con Dios, y corremos peligro de ser irreverentes al decir demasiado sobre ellos.

En este aspecto necesitamos tener un asombro y reverencia más grande para el embarazo y el nacimiento. No sin razón Jesús compara el fin de los tiempos y la venida de un nuevo mundo con una madre en el alumbramiento, y habla del inmenso gozo de la nueva vida después de todo el dolor y agonía. Cuando quiera que una pareja esté esperando un hijo, un profundo misterio está presente. Podemos provocar un daño interior si hablamos con ligereza o hacemos bromas sobre el embarazo o si llamamos demasiado la atención hacia ello. Una tranquila y humilde anticipación infunde una natural reverencia en los niños para con el don de Dios de una nueva vida.

En cuanto al sexo, especialmente, no es necesario para un niño o inclusive un adolescente saberlo todo. Es demasiado fácil destruir el sentido de lo sagrado de nuestros hijos, y el misterio de la vida, con demasiada discusión y exposición. Hoy como nunca antes, los padres deben estar alertas al peligro insidioso que es nuestra cultura obsesionada por el sexo, la que puede infiltrarse demasiado pronto en nuestros hogares, a través de lo que nosotros y nuestros hijos vemos, oímos y leemos.

De ninguna manera estoy sugiriendo que los hijos sean criados ignorando los hechos básicos de la vida. Solo quiero decir que esas cosas nunca deben ser separadas del mundo de Dios. El asunto importante es que nosotros no perturbemos la pureza de la infancia, la relación natural de cada niño con su creador.

La educación significa criar al niño para escoger el bien sobre el mal

Proteger la pureza de los niños quiere decir ganarlos para lo bueno. Es un error suponer que un niño no es tentado a pecar. Como padres debemos estar siempre listos para combatir contra el mal en nuestros hijos, ya sea que tome la forma de mentira, robo, irrespeto o impureza sexual. Pero debemos hacerlo sin demasiadas reglas (Col 2:20–22). El moralismo, que siempre involucra sospecha y desconfianza, arruina el espíritu infantil. La obediencia no es nunca suficiente. El cumplimiento por sí mismo no edifica el carácter de un niño. Por un lado, los niños no pueden ser dejados sin protección para caer presas de cualquier maldad que aparezca en su camino. Por otro lado, no debemos desanimarlos al reprenderlos constantemente por causa de sus faltas. La verdadera educación no significa moldear o reprimir al niño con críticas constantes. Significa incitarlo a él o ella a escoger el bien sobre el mal.

Tenemos que ser cuidadosos de no consentir a nuestros hijos desde una edad temprana. El consentirlos lleva a egoísmo, la falta de autocontrol y a un hondo descontento; en otras palabras, lleva a pecar. Los padres que miman a sus hijos a menudo confunden amor con sentimentalismo. Ellos piensan que ganarán a sus hijos siendo empalagosos con ellos, pero de hecho lo que hacen es estorbarlos para desarrollarse como seres saludables e independientes. Tratar a los hijos de uno como una propiedad emocional es carecer de reverencia para ellos como imágenes de Dios por propio derecho.

Entre los hijos mayores, el irrespeto hacia los compañeros, educadores y padres no es poco común. El irrespeto se manifiesta de muchas maneras. Entre los muchachos puede tomar la forma de machismo (que es generalmente una máscara para la cobardía, y solo se exhibe cuando otros están presentes) o una falta de consideración para otros, o una conducta irreverente o destructiva. Cantar puede ser despreciado como afeminado, signos de afecto hacia los bebés pueden ser objeto de burla, y cualquier cosa religiosa o moral puede ser vista con sorna. Entre las muchachas, el irrespeto con frecuencia se muestra en el chisme cruel o el secreto desleal, y una exacerbada sensibilidad hacia las críticas.

Por cuanto los chicos que demuestran tales tendencias son inseguros, son también susceptibles a la presión de grupo y a menudo buscan al apoyo de una camarilla. Los padres y los maestros necesitan estar alertas a esto, porque la naturaleza exclusiva incluso de una camarilla muy amigable nunca es saludable. El mejor antídoto al exclusivismo es una guía positiva, un cuidado e interés genuino hacia cada chico.

Cada niño instintivamente anhela una buena conciencia

La cuestión de la impureza sexual en los niños requiere de una sensibilidad especial y discernimiento. Mi padre escribe:

> Luchar contra el pecado en los niños es un asunto muy difícil. Si hay indecencias, por ejemplo, que en su mayoría comienzan con niños exponiéndose mutuamente entre sí, y algunas veces tocándose el uno al otro, el niño siente instintivamente que esto no es correcto. Estas indecencias casi siempre involucran mentir. Tenemos que ser cuidadosos no hacer demasiado de tales cosas entre niños. Esto puede solo llamar su atención aún más hacia el área sexual. Lo mejor, quizás, es reprenderlos y así cerrar el asunto, y luego ayudarlos a pensar en otras cosas.
>
> Nosotros adultos muy fácilmente olvidamos que muchas cosas no significan lo mismo para un niño que lo que significan para nosotros, y que nunca debemos proyectar nuestras ideas, sentimientos y experiencias en la mente de un niño (Ti 1:15). Además, nunca debemos olvidar que es en cierta manera natural para los niños pasar por periodos de curiosidad sexual. Esto no puede ser confundido con pecado. Sin embargo, debemos guiar a nuestros hijos de tal manera que sus almas

permanezcan puras e inocentes. Demasiados interrogatorios pueden perjudicar a un niño, pues él o ella pueden, por temor, enredarse más y más en mentiras.

Es una gran injusticia etiquetar a los niños o adolescentes, especialmente aquellos que han procedido mal en el área sexual. En nuestra evaluación de ofensas infantiles, debemos evitar llegar muy rápido a conclusiones rigoristas acerca del carácter del niño o de su futuro desarrollo. Más bien debemos ayudarlo a encontrar nuevos intereses y tener una nueva oportunidad.

Sabemos que podemos encontrar el camino al corazón de algún niño recurriendo a su conciencia. Cada niño tiene un anhelo instintivo en el corazón de tener una conciencia pura, y debemos apoyar este anhelo para que él o ella no sufra por una conciencia agobiada.

Hay un cierto punto en el cual los niños no son más niños en el verdadero sentido de la palabra. En el momento en que pecan conscientemente dejan de ser niños. Entonces, es la tarea de los padres y de los maestros ayudarles a encontrar el arrepentimiento, la experiencia de Jesús en la cruz, y una conversión que los guíe al perdón de sus pecados. Por la cruz una niñez perdida puede ser restaurada.[23]

La pureza, como la impureza, se aprende con el ejemplo

La importancia que tiene para los padres el buscar una relación de confianza con sus hijos desde la temprana infancia no se puede enfatizar lo suficiente. No podemos esperar a que aparezcan problemas que pueden solo surgir alrededor de los cinco o seis años. Si no construimos relaciones con nuestros hijos cuando aún son pequeños, tal vez nunca ganaremos la confianza y el respeto necesarios para resolver los problemas más serios que vendrán con la adolescencia.

El tiempo entre los trece y veintiún años son especialmente importantes, por supuesto, ya que es durante estos años que los hijos llegan a estar más al tanto de su sexualidad. Cuán fácil es para los padres —y para todas las iglesias— vivir de espaldas a la realidad de los adolescentes y fallarles miserablemente sencillamente por ignorarlos. ¡Qué diferentes serían nuestros colegios y centros juveniles si los padres dedicaran tiempo a sus adolescentes! Abundantes padres les advierten en cuanto el alcohol, las drogas y los peligros de la experimentación sexual, pero ¿cuántos se toman un tiempo de manera regular para orientar los intereses de sus hijos y para animarlos a usar su tiempo creativamente? Los padres comprometidos permanecerán en contacto cercano con sus hijos a lo largo de los momentos altos y bajos de la adolescencia. Ellos serán no solo padres para sus hijos sino también compañeros y amigos; con las madres ocurrirá lo mismo.

Los jóvenes siempre necesitan a alguien en quien confiar. Bien sea un padre, pastor, consejero o amigo, tiene que haber alguien en quien ellos confíen, con quien puedan compartir libremente sus alegrías o luchas, y con quien puedan hablar abiertamente acerca del sexo sin vergüenzas.

Los adolescentes de hoy en día simplemente están expuestos a demasiadas opciones. Nuestra cultura cree que la variedad es la clave de la libertad y de la satisfacción; en absoluto, es por el contrario la clave para la confusión. Muy pocas personas están dispuestas a advertir a los adolescentes sobre las dolorosas cicatrices emocionales que siguen a una actividad sexual sin compromiso. Hay muchos menos capaces de señalarles la esperanza del perdón después de que han fallado.

Por esta razón, se necesitan en especial personas que sean modélicas y que puedan desempeñar el rol de confidentes. Los niños pasan más tiempo que nunca por su cuenta; a todos los niveles de la sociedad, los niños que pasan mucho tiempo solos en casa son cada vez más. No es accidente que los chicos de hoy hayan sido llamados por algunos expertos como la «generación solitaria,» o que estudios les asignen palabras como «abandonados,» «alienados» y «solitarios» para describirlos.

En caso de que los olvidemos, la pureza, así como la impureza, se aprende primero y principalmente por el ejemplo (Ti 2:6–8). Los chicos necesitan ver que el amor entre sus padres es indisoluble, y saber que ciertas miradas, toques y palabras de afecto son apropiados solo entre un hombre y una mujer casados. Ellos necesitan ver que la intimidad física solo pertenece al matrimonio y que una experimentación anticipada de cualquier clase solamente manchará un matrimonio luego. Ciertamente, ellos necesitan que se les evite la confusión y la pena de una relación rota y del pecado sexual de o entre los adultos alrededor de ellos.

Por esto es tan importante que la iglesia tenga un lugar central en la vida de la familia. Los niños tienen que ser capaces de ver ejemplos vivos de pureza no solo en sus padres, sino en todos alrededor de ellos, sea si son casados o solteros.

La mejor salvaguardia contra el pecado es el amor

La pureza no puede ser fomentada en un vacío. Niños y jóvenes necesitan formar un corazón para Jesús y su causa de paz y justicia social. Cuando su corazón está lleno de Dios e inspirado por su causa, ellos reaccionarán instintivamente contra lo malo. Cuando les guiamos a reconocer las necesidades de otros, ellos anhelarán salir al encuentro de otros con amor. La idea de que los niños no tienen conciencia social, ni sentimientos para los que sufren injusticia y culpabilidad de nuestro mundo, sencillamente no es cierta. Esto solo puede pasar si han sido criados en un ambiente artificial que gira alrededor de su propia comodidad y placer. Cuando niños auténticos se enfrentan cara a cara con la necesidad de otros, o cuando ellos ven a otros saliendo al encuentro de los necesitados, tendrán un deseo interior de extender su propio amor de manera práctica.

La mejor salvaguardia contra el pecado es siempre el amor. El amor ata juntas todas las virtudes en perfecta unidad (Col 3:14). El amor es el mensaje que necesitamos para criar a nuestros niños y jóvenes, principalmente demostrando amor en todas las cosas que nosotros mismos decimos y hacemos. Muchos jóvenes viven hoy para sí mismos y para sus propios intereses. Ellos trabajan duro para conseguir buenas notas, para sobresalir en los deportes, para ganar el reconocimiento obtenido por una beca —todo lo cual es bueno—. Pero ¿cuántos de ellos se preocupan por sus vecinos o por la miseria del mundo a su alrededor? Necesitamos retar y abrir el horizonte a nuestra juventud para que interactúen con otros menos afortunados que ellos mismos.

A menudo los padres tratan de proteger a sus adolescentes al tratar ansiosamente de blindarlos de situaciones de impureza o violencia. Sin embargo, quizás lo que ellos realmente necesitan es lo opuesto: la oportunidad de pararse por sí mismos y dar testimonio de lo que ellos mismos creen —no solo sus padres—.

Los hijos necesitan salir al encuentro de los demás y aprender lo que sus contemporáneos están pensando y sintiendo, incluyendo a aquellos de diferentes trasfondos religiosos. Ellos necesitan relacionarse con sus iguales y con los candentes temas sociales, políticos y económicos de su tiempo. Ellos necesitan tener un corazón para la desesperación de aquellos que se han dado a las drogas y al alcohol, y por aquellos que sufren por una relación abusiva en el hogar. Sin la capacidad de salir y relacionarse con otros fuera de su esfera, ellos no tendrán una conexión real con el mundo a su alrededor y tal vez nunca les sea dada una oportunidad de probar sus propias convicciones.

No criaremos hijos perfectos, pero creo firmemente que es posible criar hijos que respondan a nuestra guía y disciplina, en vez de a la terrible corrupción y tiniebla de nuestra época (Pr 22:6). Mientras seamos capaces de mantener una relación de mutuo respeto y reverencia, encontraremos la forma de avanzar con nuestros hijos. Ello costará alguna pelea, algunas veces una pelea seria; sin embargo, por el bien del alma de un hijo, un enfrentamiento merece siempre la pena. Naturalmente, nuestros hijos pueden crecer y escoger un camino de vida diferente del que nosotros hubiéramos escogido para ellos. Pero si oramos a Jesús por su guía cada día, podemos confiar en que él nos guiará a nosotros y a ellos.

13

Para aquellos
que piensan casarse

*Rechaza las leyendas profanas y otros mitos seme-
jantes. Más bien, ejercítate en la piedad, pues
aunque el ejercicio físico trae algún provecho,
la piedad es útil para todo, ya que incluye una
promesa no sólo para la vida presente sino también
para la venidera. . . . Que nadie te menosprecie por
ser joven. Al contrario, que los creyentes vean en ti
un ejemplo a seguir en la manera de hablar, en la
conducta, y en amor, fe y pureza.*

1 Timoteo 4:7–8, 12

ES TRÁGICO ver cómo de cualquier modo, y con
cuánto egoísmo e ingenuidad, hombres y mujeres
jóvenes se involucran hoy en día en relaciones e inclusive
en el matrimonio. Sin embargo, ¿cómo deberían encarar
los jóvenes las atracciones naturales y amistades que se
desarrollan entre ellos? ¿Cuál sería una aproximación
religiosa a este asunto? ¿Cómo pueden los hombres y
las mujeres jóvenes mantenerse alejados del erotismo
superficial de nuestro tiempo y encontrar relaciones verdaderamente libres y naturales? ¿Y cómo pueden ellos
mismos prepararse mejor para las responsabilidades y
demandas del matrimonio?

El «estar saliendo» convencional rebaja el sentido del compromiso

Debiéramos alegrarnos cuando hay amistades entre hombres y mujeres jóvenes, y cuando hay oportunidades de mutuos intercambios positivos en sus vidas diarias. El tener temor de lo que pueda ir mal entre ellos es a menudo injustificado, y un signo de desconfianza. Los jóvenes necesitan oportunidades para relacionarse entre sí en un marco en el que puedan trabajar, compartir, cantar o relajarse juntos. Agrupar en parejas o formar relaciones exclusivas no es saludable y es fuera de lugar; en la iglesia, hombres y mujeres jóvenes deben conocerse primero los unos a los otros como hermanos y hermanas en Cristo. Necesitan tener la libertad de ser vistos juntos sin estar sujetos a todo tipo de chismes o especulaciones acerca de su amistad. La presión causada por tal palabrería inhibe la libertad. Desvía y socava todo lo que es bueno en una relación.

Es típico de la inmadurez de una persona joven «enamorarse» primero de una persona y luego de otra, como una abeja yendo de flor en flor. Es solo natural querer buscar «la persona correcta», pero la iglesia no puede tolerar la continua formación y luego disolución de nuevas relaciones. La actitud relajada de un joven o una joven que revolotea de una pareja a la siguiente nunca es correcta. Ello embota la conciencia y degrada el significado del compromiso. Las olas de la atracción emocional que acompañan a toda amistad entre un muchacho y una muchacha son perfectamente normales, pero si no son colocados bajo Cristo, pueden dejar heridas que posiblemente durarán el resto de la vida.

Por esto, mi iglesia rechaza el «estar saliendo» convencional. En la mayor parte de los casos, salir con alguien se ha vuelto un juego —un ritual para emparejar con un enamorado o una enamorada sobre la base de la atracción física y emocional—. Es edificado sobre una falsa comprensión de la amistad y a menudo tiene poco que hacer con genuino amor o fidelidad. En muchos casos, el salir con alguien se centra en una preocupación por la «imagen» personal que no es saludable. Y cuando ello involucra intimidad física o sexual, puede dejar la conciencia tan excesivamente agobiada que puede tomar años para sanar.

La vanidad y la superficialidad van de la mano en el «estar saliendo» convencional. Igualmente lo hace el coquetear —llamar la atención hacia uno mismo a fin de atraer sexualmente a otra persona—. Coquetear demuestra inseguridad interior e infelicidad, y es un insulto a Dios.

En años recientes más y más padres e iglesias están buscando alternativas al «estar saliendo» convencional. Por ejemplo, algunos están reviviendo la práctica «anticuada» del cortejo, la que enfatiza la consejería, la participación familiar y actividades que enriquezcan el carácter.

Desafortunadamente, mientras que las estadísticas muestran que el «salir con alguien» en los campus de las universidades está decayendo, un número alarmante de estudiantes están simplemente «enganchados», involucrándose en sexo eventual para una satisfacción instantánea sin compromiso. Esto debiera animar a los padres, pastores y líderes eclesiales a estar aún más activos e involucrados en este tema.

Los sentimientos mutuos no son suficientes para edificar una relación duradera

¿Cómo debería un joven o una joven encontrar a la persona correcta para casarse? Para un cristiano el factor decisivo debe ser siempre la unidad de corazón y alma en el espíritu. Ambas personas tienen que sentir que su relación los guía más cerca a Jesús, pues su voluntad sola puede juntar a dos personas destinadas a ser la una para la otra. Sin Jesús y sin la unidad especial que él da entre dos personas, una pareja muy probablemente no sobrevivirá las tormentas y luchas que son una parte de todo matrimonio, especialmente una vez que tengan hijos.

Aun cuando una pareja está segura de que quiere entrar en una relación más comprometida —a través de unos esponsales, por ejemplo—, ellos deben probar su amor por un tiempo para ver si es solamente el fuego de paja de la atracción romántica, o si hay algo más profundo. De nuevo, las atracciones físicas y emocionales son naturales, pero no proveen el suficiente terreno para casarse o fundar una familia, y nunca pueden ser factores decisivos para formalizar un compromiso. Una relación basada en estos sentimientos es poco profunda, y con el tiempo se caerá en pedazos. La pregunta real siempre debe ser: «¿Qué es lo que Dios quiere para nuestra vida y futuro juntos?» Su voluntad es la base más segura.

Todos nosotros hemos escuchado el dicho: «Lo que está adentro es lo que cuenta». Pero si de verdad lo creemos es otro asunto. Consciente o inconscientemente, todos hemos juzgado a otras personas sobre la base de su apariencia física. En una cultura donde es normal oír a alguien decir: «Ella es una jovencita muy atractiva» o «Él es bien parecido», y así sucesivamente, no está de más pensar en el sutil mensaje que estamos enviando a aquellas personas que no son descritas en esta forma.

El tema de juzgar a las personas por su apariencia es especialmente importante para los jóvenes que piensan casarse. Una chica puede seleccionar al más simpático, al guapo del barrio; o un joven a la chica más bella del grupo. Pero, ¿qué decir sobre su relación diez o veinte años más adelante? ¿Se amarán aún el uno al otro cuando él sea calvo, cuando ella tenga arrugas o engorde? En realidad, la atracción física es parte de cada relación, pero nunca debe ser la base para un compromiso de lealtad y amor para toda la vida. Como Isaías lo expresa: «Toda carne es como la hierba, y que su belleza es como la flor del campo. La hierba se seca, y la flor se marchita. . . .» (Is 40:6–7 RVC).

No es fácil ver con los ojos del corazón, en particular cuando somos jóvenes. Sin embargo, debemos pedir a Dios que nos dé esta vista especial. Si abrimos nuestro corazón a su sabiduría, veremos belleza en cada persona que encontremos, y amaremos a cada una como un ser creado a imagen de Dios.

He conocido a Rose desde que era una chica. Ya adulta, ella se encontró y se enamoró de Tom. Él está seriamente discapacitado por una parálisis cerebral y ha pasado toda su vida en una silla de ruedas. A pesar de todo se casaron y ahora tienen dos lindos hijos. Para Rose, Tom es el hombre más maravilloso en el mundo. Puede que otros solo vean su discapacidad, pero Rose ve la belleza de su alma.

Víctor e Hilda, una pareja británica de mi comunidad, vivieron hasta sus noventa y tantos. Casados a sus veinte, ellos permanecieron profundamente enamorados hasta el final. Hilda no era bella en el sentido mundano: cuando llegó a los setenta ella estaba bastante encorvada, y un tic nervioso desfiguró el lado derecho de su cara. Sin embargo, para Víctor ella era siempre «mi princesa». Su amor estaba cimentado en algo más hondo que la apariencia.

Durante los cuarenta años que he trabajado aconsejando a parejas jóvenes, muchas han compartido sus gozos y luchas conmigo, pero aún me siento conmovido cada vez que un joven viene a mí en confidencia. No hace mucho, una joven le escribió a mi esposa para decirle acerca de su profunda amistad con cierto hombre. Kate and Andy son ambos miembros de nuestra iglesia y participan en nuestro grupo de jóvenes. Ellos no son personas especiales, pero a medida que su relación se ha venido desarrollando se les dio un don especial —un caminar sólido para su búsqueda compartida—. Kate escribe:

> Desde el principio esto ha sido una experiencia interna intensa y nos hemos acercado mucho, especialmente a través de la lectura de la Biblia y orando juntos. Yo diría, sin embargo, que la mayor lucha ha sido abandonar nuestra idea romántica y sentimental del amor, porque en realidad tiene muy poco fondo. Ocasionalmente nuestra conversación ha llegado al nivel de atracciones humanas, y el efecto de eso ha sido devastador porque socava lo que hemos experimentado juntos a un nivel interior, espiritual. . . . Pero cuando mantenemos a Dios

en el centro nos encontramos uno en el corazón del otro mucho más profundamente.

A medida que aprendíamos a conocernos mejor el uno al otro, y a conocer las luchas y defectos de cada uno día tras día, también somos capaces de aconsejarnos y animarnos entre nosotros. Como resultado, ambos nos sentimos más cerca de Dios. Veo con más y más claridad cómo una relación no está establecida de una vez para siempre, sino que tiene que ser edificada diariamente —ladrillo a ladrillo— y con una fe constante. Estoy muy agradecida por el tiempo que Andy y yo estamos compartiendo juntos para que podamos realmente establecer una base sólida. Y estoy también agradecida porque todo no ha sido como un navegar calmado, porque nada que merezca la pena viene sin lucha.

La historia de Andy y Kate es esperanzadora: aún en nuestro tiempo es posible para los jóvenes tomar su relación del uno al otro tan seriamente que buscan encontrar a Dios por encima que todas las demás cosas.

Si la fe es la única base sólida para un matrimonio cristiano, se deduce que cada cónyuge tiene que hacer un compromiso con Cristo y la iglesia antes de hacer un compromiso con el otro. Aquí la importancia del bautismo no se puede enfatizar lo suficiente. Como una confesión de arrepentimiento por el pecado y como una alianza de una conciencia lúcida con Dios, el bautismo es uno de los más grandes dones que una persona puede experimentar. De hecho, yo diría que sin él no hay una base segura para un matrimonio cristiano.

Por supuesto, ninguno debe ser bautizado por el bien del esposo, de la esposa o de los hijos (Lc 14:26). El deseo de bautismo no debe ser confundido con sentimientos o deseos hacia una posible pareja matrimonial. Si el bautismo va a tener un significado real, tiene que ser el sello de profundo arrepentimiento, conversión y fe.

Una relación saludable necesita tiempo y cuidado

Jesús dice que no podemos servir a dos señores (Mt 6:24). Él nos enseña que cuando confiamos solo en Dios, y nos fiamos de él completamente, él proveerá en todas nuestras necesidades, incluyendo la necesidad de una pareja. «Más bien, busquen primeramente el reino de Dios y su justicia, y todas estas cosas les serán añadidas» (Mt 6:33). Este consejo es importante no solo para aquellos que pueden estar preocupados con el asunto del matrimonio en una manera poco sana, sino para todos nosotros.

Nunca esperaría que alguna persona deje el matrimonio como lo hizo el apóstol Pablo; el llamamiento al celibato debe ser percibido desde dentro. Pero a no ser que el matrimonio sea la voluntad de Dios (y esto es a menudo difícil de discernir) cada uno de nosotros debiera estar dispuesto a sacrificarlo (Flp 3:8). Cuando la luz de Jesús irrumpe en nuestra vida, encontramos fuerza para rendirnos a él tan radicalmente que todas las cosas encuentran su verdadera proporción.

Contrariamente a la ampliamente aceptada idea que la relación más sana es la más privada, yo he llegado a ver que el compromiso y el matrimonio son preocupaciones de toda la iglesia, no solo de los individuos involucrados. Por eso, cuando hombres y mujeres jóvenes en mi iglesia se sienten atraídos el uno al otro, les aconsejo que vayan primero a sus padres, y luego al pastor. Desde ese momento en adelante su relación es colocada bajo el cuidado de la iglesia. Nuestros jóvenes no toman este paso como una imposición, ni ellos sienten que les han puesto un chaperón. Por el contrario, están agradecidos por la posibilidad de tener una guía en un área donde la inmadurez e impureza trae miseria a muchos.

Naturalmente, este acercamiento solo será positivo en una congregación gobernada por el amor y la confianza, y cada pareja debe decidir cómo ello se aplicará a su situación particular. Para algunos entender el propósito de buscar una guía puede ser difícil. Otros pueden mantenerse completamente al margen de esta idea. Sin embargo, la sencilla lección de abrirse a personas en quien uno confía merece seria atención.

Ray y su prometida, Helen, se conocieron en nuestra iglesia hace unos pocos años. A continuación Ray comparte la historia de ambos:

> Los sábados por la noche, cuando no estaba trabajando en Armani Exchange, salía a pasarla bien con un puñado de amigos. O tal vez me dirigía a la Calle Tercera en Santa Mónica, o conducía hacia el muelle y pasaba el rato. Rara vez la escena cambiaba. Solamente las muchachas. Nada serio, nunca nada «ocurría» —solo alguien con quien compartir el turno de las bebidas o con quien bailar—. Algunas veces conocía a alguien que pensaba era especial, alguien a quien yo quería ver más. Intercambiábamos números, y quizás arreglábamos para cenar juntos e ir al cine. Todo era tan inofensivo, tan sencillo.
>
> Por lo menos así es cómo yo veía las cosas entonces, hace casi tres años, antes de que conociera a Helen.
>
> Ambos crecimos en la misma iglesia. Nos conocimos como adolescentes, pero aunque ambos tuvimos

sentimientos del uno para el otro, no los revelamos. Después del colegio nos separamos. Ella fue a la universidad y después consiguió un trabajo enseñando; yo salí «al mundo». Pero después de un período de seis meses como voluntario fuera del país, un par de semestres en la costa este, y un año gastado dando vueltas por el sur de California, la agobiante sensación de que mi vida era una farsa finalmente me arrinconó. Tuve que admitir lo que había tratado de negar por mucho tiempo —que un intenso vacío y languidez existía detrás de mi actitud fiestera—. Mi estilo de vida no había hecho nada para satisfacer mi deseo de integridad. Mis encuentros con otros, particularmente con mujeres, fueron a lo más superficiales. Con frecuencia fueron perjudiciales.

Por primera vez en mi vida reconocí cuánto necesitaba del poder sanador que solo Cristo puede dar. Yo sabía que no podía encontrar esto por mí solo, que necesitaba el apoyo de otros a quienes podía confiar, así que regresé a casa a mis padres. Convencido de que yo quería que Dios fuera el centro de mi vida, comprometí mi vida con él y con los miembros de mi iglesia.

Para entonces yo les hice saber a mis padres y a mi pastor de mis sentimientos para Helen, y ellos me aconsejaron que dejara que las cosas se desarrollaran naturalmente, en el tiempo de Dios: «Si su relación es la voluntad de Dios, sucederá, y nadie será capaz de impedirla». Pero ellos me animaron a seguir adelante y a hablar con ella.

Lo hice. No nos tomó mucho tiempo reconocer que algo estaba pasando entre nosotros. Ninguno nos hubiéramos atrevido a llamarlo amor en ese momento —era demasiado nuevo, demasiado precioso—. Pero a medida que las semanas llegaron a ser meses, sentimos una profunda conexión entre nosotros. Pasamos tiempo juntos, algunas veces con las familias de cada uno, algunas veces nosotros solos. Reflexionábamos acerca de temas de la fe, leíamos la Biblia, orábamos, o solo nos sentábamos juntos en silencio. Más tarde, cuando mi trabajo demandó que me mudara, nos escribimos el uno al otro casi a diario.

Mientras nuestra amistad se profundizó, nuestra apertura creció. Pero aprendimos que la confianza toma tiempo. Al principio fue algo como una revelación el reconocer que ambos teníamos defectos. Podíamos herirnos el uno al otro, y a veces aun traicionar el amor que tomaba forma entre nosotros. Sin embargo, cuando quiera que nos atrincherarnos en nuestra propia estrechez, nuestros padres y pastores estaban allí para guiarnos.

Por supuesto que abrirse a alguien es algunas veces penoso, incluso vergonzoso —especialmente cuando las cosas no iban bien—. Y el consejo que nuestros padres u otros miembros de la iglesia nos daban no siempre nos venía bien. Pero una vez que descubríamos el increíble valor de tener personas en quien confiar, nos dábamos cuenta de que se nos había dado una oportunidad para que nuestra relación se desplegara dentro de un ambiente propicio.

Ahora, en la medida que nuestra boda se acerca, estamos agradecidos por la ayuda de todos los que nos han conducido hacia Cristo. Sin ellos, Helen y yo de seguro nunca hubiéramos encontrado mutuamente el corazón del otro. En nuestro tiempo sabemos que es un don inusual que nuestra relación haya podido profundizar sin la presión causada por girar alrededor del sexo. Y sabemos que no importa qué traiga nuestro futuro, Cristo permanecerá siendo nuestro guía.

La historia de Ray y Helen ilustra qué vitalmente importante es para una pareja tomarse el suficiente tiempo para llegar a conocerse el uno al otro interiormente antes de asumir algún compromiso. Cuando dos personas buscan casarse, es esencial que primero se esfuercen por descubrir todo lo que hay de Dios en cada uno. Hay bastantes actividades saludables que una pareja puede encontrar para este propósito: lectura, excursionismo, visitas a la familia de cada uno o participar juntos en proyectos de servicio a la comunidad. Escribirse mutuamente es también una buena manera de llegar a conocerse a un nivel más hondo. En mi experiencia, es mejor si tal correspondencia comienza en una forma no comprometida —como si fuera de un hermano a su hermana y viceversa—. Esto porque los atractivos emocionales del amor romántico y del pertenecerse mutuamente, lejos de proveer una base para el futuro, hacen lo opuesto: oscurecen la claridad necesaria para discernir si un futuro compromiso es realmente la voluntad de Dios o no.

Mi iglesia anima a las parejas jóvenes no solo a escribirse, sino también a compartir lo que ellos se han escrito con sus padres o pastores. Tal apertura puede parecer exagerada, pero permite el apoyo y la guía. Uno solo puede sorprenderse por cuántos matrimonios pudieron salvarse si las jóvenes parejas hubieran tenido la humildad de ir a sus padres (u otra pareja casada en quien ellos confiaran) para obtener consejo, incluso no en esta forma específica.

Nuevamente, una relación saludable no puede ser apurada. Como una flor, tiene que esperarse a que se abra en el tiempo de Dios, no forzarla con la esperanza de una floración temprana. Si el matrimonio es para durar, tiene que ser edificado sobre una base cuidadosamente establecida.

Lo que más importa, en la decisión de casarse, es la voluntad de Dios

La honestidad es fundamental para cada relación sana. Si una pareja no siente que está creciendo más cerca el uno del otro y de Dios, tienen que tener apertura. Aquí la iglesia también tiene que preocuparse lo suficiente por sus miembros y ser honesta con ellos —ayudar a la pareja discernir si ellos son en realidad el uno para el otro, y considerar si su amistad está dando buen fruto—. Aun si ninguna promesa ha sido hecha, terminar una relación es doloroso. Pero es mejor un fin penoso que la pena sin fin de una relación que no lleva a ninguna parte.

Solo cuando dos jóvenes, independientemente el uno del otro, y con el aporte de sus padres y el ministro, se sienten seguros después de un período de tiempo de que ellos realmente se pertenecen para el resto de sus vidas, ellos están listos para comprometerse. Solo cuando sienten en lo profundo de su corazón que ésta es la persona que es para ellos, y que es solo Dios quien los ha dirigido juntos, están realmente listos para asumir un vínculo de por vida.

Una vez comprometidos, la mayoría de las parejas quieren participar plenamente en su amor y expresarlo activamente tanto dando y como recibiendo. Sus corazones están empeñado el hacer el uno al otro tan feliz y satisfecho como sea posible, y se sienten listos para hacer cualquier cosa para realizar esto. Con mayor razón, tales parejas tienen que reconocer que los poderes del amor son más grandes que ellos mismos, y tienen que pedir a Dios diariamente las fuerzas para disciplinarse mutuamente.

Deben evitarse largos abrazos, caricias, besar boca a boca y cualquier cosa más que pueda llevar a la excitación sexual. El deseo por la cercanía física es natural, pero en lugar de girar en torno a este deseo, una pareja comprometida debiera enfocarse en llegar a conocerse más íntimamente a un nivel más hondo y alimentar el amor del uno al otro en Jesús y la iglesia.

Cuando dos personas están conociéndose entre sí, la involucración sexual inhibe el desarrollo de una relación bien fundada. Tan pronto como el sexo entra en acción, se roba el espectáculo. La excitación sexual es progresiva en su naturaleza: una vez que comienza no se satisface con regresar. Cuando dos personas se excitan intencionalmente entre sí, están iniciando una forma de juegos preliminares. Bien sea que ellos lo reconozcan o no, se están preparándose emocionalmente y físicamente para el acto sexual. A ellos les quedan solo dos opciones: colmar todas las expectativas, o frenarse en seco y experimentar la frustración emocional de estar excitados mas no satisfechos. Los deseos encendidos en ellos no pueden ser apaciguados sin pecar. «Ir a medio camino» es por eso dañino, porque interfiere en la edificación de una intimidad permanente.

El matrimonio que comienza con una conciencia cargada por pecados no confesados es un matrimonio sin una base sólida, y puede ser establecido correctamente solo por medio de la confesión y el arrepentimiento. La salud de un matrimonio depende del terreno en el que crece. Si es sembrado en el terreno de la pureza y la fe, llevará buen fruto y tendrá la bendición de Dios.

Traten de captar el espíritu, no la letra, de lo que he escrito. Si están pensando en el matrimonio, busquen entender lo más íntimo del corazón del otro, y vuélvanse a Cristo con confianza para encontrar la respuesta para cada pregunta. Él nunca les fallará en guiarlos con claridad.

14

El servicio de la soltería

Si tal es la situación entre esposo y esposa —comentaron los discípulos—, es mejor no casarse. No todos pueden comprender este asunto —respondió Jesús—, sino solo aquellos a quienes se les ha concedido entenderlo. Pues algunos son eunucos porque nacieron así; a otros los hicieron así los hombres; y otros se han hecho así por causa del reino de los cielos. El que pueda aceptar esto, que lo acepte.

Mateo 19:10–12

EL DON DE LA UNIDAD, sea con otras personas o con Dios, no depende de ninguna manera del matrimonio. De hecho, el Nuevo Testamento enseña que una más profunda dedicación a Cristo se puede encontrar por renunciar al matrimonio en favor del reino de Dios. Aquellas personas que renuncian a todo por Jesús, incluyendo el don del matrimonio, él les ha dado una gran promesa: que estará especialmente cerca a ellas cuando regrese (Ap 14:1–5). Sea que tales personas se encuentren sin una pareja en la vida por abandono, muerte o falta de oportunidad, ellas pueden encontrar un llamamiento mucho más grande que el matrimonio si están dispuestos a aceptar su soltería en lo profundo del corazón. Pueden dedicar su vida de una manera especial a un servicio completo al reino de Dios.

Vivir plenamente es vivir para Cristo

Cada hombre y cada mujer en la tierra que desea seguir a Cristo tiene que ser transformado completamente por él. Este desafío toma un significado más hondo para aquellas personas que son solteras (cualquiera que sea la razón) y que llevan su soltería en el nombre de Cristo. Dichas personas encontrarán una relación especial con él.

Una vida vivida para Cristo es una vida en su sentido más completo (Jn 10:10). Nunca debemos olvidar esto: es nuestro más profundo llamado. Si de veras amamos a Cristo, el Novio, con corazón íntegro, seremos inmersos en él así como fuimos inmersos en el agua del bautismo. Si vivimos en Cristo, nuestro amor por él guiará nuestro amor hacia nuestros hermanos y hermanas cristianos y a todos aquellos alrededor nuestro.

La historia de Francisco de Asís y su amistad con Clara muestra de manera maravillosa el significado del amor de hermano y amor de hermana —aun cuando él no lleve al matrimonio—. Cuando todos los hermanos y amigos de Francisco lo abandonaron, él fue a Clara. En ella él tuvo a una amiga en quien podía confiar. Aun después de su muerte, ella permaneció leal a él y continuó llevando su misión, a pesar de la oposición. Esta fue una relación que no tuvo nada que ver con matrimonio, pero que aun así fue genuinamente íntima —una amistad de verdadera pureza y unidad en Dios—.

Siempre habrán mujeres y hombres como Clara y Francisco que permanezcan sin casarse por el nombre de Cristo. Sin embargo, tenemos que reconocer que el don de una relación como suya no es dado a todos. Al luchar por la pureza la mayoría de las personas solteras no son diferentes que las personas casadas. De hecho, una vida entregada al celibato no está guardada contra la impureza —en todo corazón, la pureza requiere constante vigilancia, una lucha diaria contra la carne, y una actitud firme contra el pecado—.

Si se lo permitimos, Jesús puede llenar todo vacío

Las Escrituras nunca nos prometen la extirpación de la tentación. Pero sí tenemos la seguridad que ella no nos vencerá necesariamente (1 Cor 10:13). Si nos probamos en paciencia y fidelidad, Dios nos ayudará. Esto no quiere decir que es posible guardarnos puros solo por la fuerza de nuestra propia voluntad. Pero por el poder del Santo Espíritu, y a través de la ayuda de amigos y miembros de la familia que se preocupan por nosotros, es posible encontrar libertad y victoria (Gál 6:1–2).

Para aquellos que no encuentran una pareja en el matrimonio pero no sienten un especial llamado a permanecer solteros por el nombre de Jesús, está el peligro de la amargura. Si un hondo deseo por el matrimonio permanece insatisfecho, especialmente por un período largo de tiempo, eso puede endurecer el corazón. Entonces solo la gracia de Dios puede proteger el alma y hacerla capaz de soltar las amarras —dejar el matrimonio y todavía así encontrar paz—.

Cynthia, una mujer soltera en la mitad de sus cuarenta, ofrece sus percepciones de cómo evitar una vida vacía y encontrar satisfacción duradera:

«¿Yo, soltera por el resto de mi vida?» Muchos de nosotros tenemos que enfrentar esta realidad. ¿Por qué? —porque hemos escogido dedicar nuestras vida a Dios primero—. Él necesita herramientas que no estén atadas a una familia para servirle. ¿Significa esto menor satisfacción, crecimiento raquítico, o un retiro del pleno involucramiento en la vida? No si uno puede acoger, en lugar de rebelarse, el plan de Dios para la propia vida. De hecho, es una vida dedicada al servicio la que espera a aquellos que sacrifican o renuncian al matrimonio para ponerse completamente a disposición de Dios.

Piensen en una persona soltera como la escritora Amy Carmichael, quien viajó a la India como una joven misionera, no sabiendo qué clase de servicio Dios quería de ella. Muy pronto tuvo una casa hogar cada vez más llena de niños literalmente rescatados de la esclavitud en las garras de los sacerdotes de los templos hindúes. O piensen en la Madre Teresa, que fundó una orden de hermanas para velar por los más pobres entre los pobres en Calcuta. Su orden se ha extendido por todo el mundo. O piensen en Pablo y otros apóstoles que, como eran solteros, fueron capaces de viajar constantemente para extender el evangelio.

Por supuesto, usted no tiene que ser un misionero, una monja o un apóstol para encontrar plenitud en una vida de soltería. Yo podría haberme sentido amargada y frustrada al no estar casada, pero en lugar de eso he encontrado a diario abundantes oportunidades de servir a otros en el lugar donde me he hallado.

Casi semanalmente visito a reclusas en la cárcel local. Durante mi última visita, las mujeres en la cárcel estaban entusiasmadas por el estudio bíblico, así que leímos la historia del Buen Samaritano y hablamos acerca de su aplicación para cada día. Después de discutir sobre quién podía o no podía cantar, todas nos unimos para entonar canciones espirituales e himnos como «Precioso Señor» y «Maravillosa Gracia».

No está por demás decir que no todas las tardes son tan satisfactorias en este sentido. La soledad puede ser una parte real en la vida de cualquier persona soltera. Uno puede ser tentado hacia la autocompasión, pero como toda tentación, ésta puede ser rechazada. En su libro *Pasión y pureza*, Elizabeth Elliot aconseja: «Acepta tu soledad. Es una etapa, y solo una etapa, en un viaje que te lleva a Dios. No siempre durará. Ofrece tu soledad a Dios, como el niño ofreció a Jesús sus cinco panes y los dos peces. Dios puede transformarla para el bien de otros. Sobre todo, ¡haz algo por otra persona!».

Aquí está la clave: servicio prestado a otros. Enseñanza, enfermería, consejería o visita a reclusas en la cárcel —alguna de tales actividades puede llevar a una vida plena—. Porque hay muchas personas sufriendo en el mundo que necesitan un toque extra de amor, y aquellos de nosotros que somos solteros estamos libres de modo especial para asumir esa tarea y estar allí para ellos.

El proceso de dejar ir el propio deseo nunca es fácil, y puede a veces agobiar mucho a una persona. Pero cuando las personas solteras son capaces de entregar completamente sus propias esperanzas y sueños, Jesús llenará el vacío que de otra manera puede abrumarlas. Ellas recordarán cómo él terminó su vida en la cruz, y encontrarán gozo en llevar su soltería como un sacrificio a él. Aquellos que continuamente anhelan el matrimonio, a pesar del hecho de que Dios no se los ha concedido, nunca obtendrán ese gozo. El matrimonio es un gran don, pero pertenecer completa e indivisiblemente a Cristo es un don más grande.

Finalmente, tenemos que estar dispuestos a ser usados por Dios como él quiere y encontrar alegría en cualquier circunstancia en que nos encontremos (Flp 4:11–13). Nunca debemos pensar que Dios no nos ama. Tal pensamiento es del diablo.

Desde luego, no importa cuán dedicada es una persona soltera, él o ella aún experimentará momentos, días, o hasta semanas de tristeza y lucha. La conciencia de que el matrimonio y los hijos están lejos de su alcance siempre traerá punzadas de nostalgia y un sentido de pérdida. Pero en lugar de obsesionarse con estas cosas, es mejor (aunque sea más duro) buscar a Dios y acudir a los hermanos y hermanas de uno en la iglesia. Bonhoeffer escribe:

> El dolor es un ángel santo que nos muestra tesoros que de otra manera permanecerían ocultos para siempre; por medio de él hombres y mujeres han llegado a ser mejores que lo obtenido por medio de todos los goces del mundo. Tiene que ser así y yo me digo a mí mismo esto en mi situación presente una y otra vez. El dolor del sufrimiento y de la añoranza, que pueden a menudo ser sentidos hasta físicamente, tiene que estar allí, y nosotros no podemos y ni necesitamos hablar de ello. Pero necesita ser vencido cada vez, y así hay un ángel más santo que el del dolor, que es el ángel del gozo en Dios.[24]

La soltería puede ser aceptada como una carga o como un llamamiento especial

Los hombres y mujeres solteros no tienen que caer en la trampa de distanciarse a sí mismos, con amargura, de la vida y el amor. No tienen que reprimir lo que es mejor en ellos mismos o entregarse a sí mismos a sus sueños o a los deseos que no pueden ser satisfechos. Ellos no deben dejar que las fantasías recurrentes impidan el despliegue de todo lo que Dios les ha dado. Si ellos son capaces de aceptar su soltería como un don o un llamamiento especial, no dejarán irse nada de su energía o amor sin ser usado. Sus anhelos serán satisfechos en darse a sí mismos: en un arroyo de amor que brota de ellos mismos, y va hacia Cristo y la iglesia. Como Pablo dice:

> Yo preferiría que estuvieran libres de preocupaciones. El soltero se preocupa de las cosas del Señor y de cómo agradarlo. Pero el casado se preocupa de las cosas de este mundo y de cómo agradar a su esposa; sus intereses están divididos. La mujer no casada, lo mismo que la joven soltera, se preocupa de las cosas del Señor; se afana por consagrarse al Señor tanto en cuerpo como en espíritu. Pero la casada se preocupa de las cosas de este mundo y de cómo agradar a su esposo. Les digo esto por su propio bien, no para ponerles restricciones sino para que vivan con decoro y plenamente dedicados al Señor (1 Cor 7:32–35).

Antes, en la misma carta, Pablo alude a otra bendición de la soltería: la falta de cuidado y preocupaciones sobre el cónyuge y los hijos, especialmente en tiempos difíciles: «Los que se casan tendrán que pasar por muchos aprietos, y yo quiero evitárselos» (1 Cor 7:28).

Las viudas, como las solteras, también están capacitadas para servir a la iglesia y a los necesitados en tiempos en los que una persona casada no podría. Pablo dice: «La viuda que en verdad es viuda, y que se ha quedado sola, espera en Dios y noche y día persevera en súplicas y oraciones» (1Ti 5:5 RVC). En la iglesia primitiva de Jerusalén, las viudas eran nombradas para servir a los pobres o eran confiadas con otras responsabilidades. «Aun en la más pequeña comunidad eclesial, el supervisor tenía que ser un amigo del pobre, y hubo por lo menos una viuda responsable de velar, día y noche, porque ninguna persona enferma o necesitada fuera desatendida».[25]

¡Cuán triste es que hoy, muy a menudo, las viudas —y otros hombres y mujeres solteros— sean descuidados y aislados! Ojalá la iglesia esté siempre lista para ocuparse de las necesidades de tales personas (1 Cor 12:26). Especialmente con el colapso de la familia, tenemos que encontrar nuevas formas de mostrar a los miembros solteros amor y cuidados extras e involucrarlos en la vida de nuestras familias o comunidades. Esto no quiere decir presionarlos para encontrar pareja y luego apiadarse de ellos si no lo hacen —eso solo añadirá a su pena—. Quiere decir dar la bienvenida a sus dones y servicios en la iglesia, encomendarles tareas significativas, y acercarlos a la vida interna de la iglesia para que así ellos puedan encontrar realización.

No importa nuestra condición, todos somos llamados a amar

Aquellos de nosotros que estamos casados debemos reconocer que nuestra felicidad es un don —algo para ser compartido y trasmitido—. Debemos salir al encuentro de aquellos que luchan con sentimientos de soledad. Es por esto que en mi congregación cada persona soltera es «adoptada» por alguna familia. Así ellos pueden dar como también recibir. Lo más importante es que, todos nosotros, seamos casados o solteros, debemos recordar que la verdadera satisfacción y gozo se encuentran en el servirnos los unos a los otros en el espíritu de comunidad. Somos llamados a un amor que da incondicionalmente, no al amor avaro de un matrimonio confortable ni al amor consentido de autocompasión que nos aísla.

Como cristianos, sabemos que el verdadero amor se encuentra en su más perfecta forma en Jesús. Muchos de nosotros hemos sido tocados por Jesús, o hemos sido llamados y usados por él. Pero eso no es suficiente. Cada uno de nosotros debe pedir a Dios que nos deje experimentarlo a él personalmente —en la misma hondura de nuestro corazón—. Nuestros ojos tienen que estar fijos en él y solo en él, para que así podamos verle como es en realidad y no aburrirnos y desalentarnos (Heb 12:2–3).

El tiempo de la vida es corto y, como Pablo nos advierte, el mundo en su forma actual va pasando (1 Cor 7:29–31). Lo que más necesitamos en nuestro tiempo es a Cristo, pero no solo como guía o como una imagen ante nuestros ojos. Él tiene que llegar a ser una realidad viviente en nuestra existencia cotidiana. Él nos dice «He venido a traer fuego a la tierra, y ¡cómo quisiera que ya estuviera ardiendo!» (Lc 12:49).

¿Dónde se revela Cristo más claramente como lo que él fue y aún es? Tenemos que buscarlo con nuestros hermanos y hermanas. Tenemos que buscar cómo él se revela hoy cada día entre nosotros. Más aún, debemos de pedir por el coraje de testimoniarlo ante otros como él es, con ternura, mansedumbre y humildad, pero también en verdad, claridad y vivacidad. No tenemos que añadir o quitar nada. Esa es la esencia de la integridad del corazón y del servicio de la soltería.

El espíritu de nuestra época

15

Con o sin Dios

*Por tanto, imiten a Dios, como hijos muy amados,
y lleven una vida de amor, así como Cristo nos amó
y se entregó por nosotros como ofrenda y sacrificio
fragante para Dios. Entre ustedes ni siquiera debe
mencionarse la inmoralidad sexual, ni ninguna
clase de impureza o de avaricia, porque eso no es
propio del pueblo santo de Dios. Tampoco debe
haber palabras indecentes, conversaciones necias
ni chistes groseros, todo lo cual está fuera de lugar;
haya más bien acción de gracias. Porque pueden
estar seguros de que nadie que sea avaro (es decir,
idólatra), inmoral o impuro tendrá herencia en
el reino de Cristo y de Dios. Que nadie los engañe
con argumentaciones vanas, porque por esto
viene el castigo de Dios sobre los que viven en la
desobediencia.*

Efesios 5:1–6

A TRAVÉS DE LAS ESCRITURAS, la alianza de Dios
con su pueblo y la unidad de Cristo con su iglesia son
comparadas con la unión del matrimonio. En nuestra
cultura, sin embargo, el matrimonio —la precisa realidad que nosotros debemos honrar y celebrar sobre todo
como amor— ha sido atacada, arrastrada a la suciedad,
y destruida por los espíritus de impureza e irreverencia.

Para muchas personas hoy, el amor es una desilusión

La profanación del amor es una de las más grandes tragedias de nuestro tiempo. Cada vez más el amor es entendido como nada más que deseo, y la satisfacción de este deseo es vista como realización. La gente habla acerca de liberación sexual pero siguen atrapadas en el cautiverio de sus deseos sexuales; hablan de amor verdadero pero viven ensimismadas en su alienación. Nuestra época es una era sin amor: las relaciones y los corazones son rotos en casi todas partes, millones de vidas humanas son descartadas casi antes de que hayan comenzado, miles de niños son abusados y abandonados, el temor y la desconfianza abundan hasta en matrimonios aparentemente saludables. El amor ha sido reducido al sexo. Por esta razón, el amor es para muchos nada más que un engaño —una intimidad efímera seguida por un vacío y una angustia que carcomen—.

¿Cómo podemos redescubrir el sentido real del amor? Tantas cosas hoy en el mundo nos quitan la fe en un amor duradero e incondicional. Mucho de lo que es llamado «amor» en estos días tiene que ver realmente con la excitación y pasión de la lujuria. Vivimos en una sociedad obsesionada con el sexo, delirante por el sexo, y todo apesta a eso —publicidad, literatura, modas y entretenimiento—. El matrimonio ha sido la primera víctima: su significado ha llegado a ser tan distorsionado que su verdadero significado se ha perdido.

Por supuesto, ninguna persona honesta puede echar la culpa por todo esto a los medios de comunicación o a alguna difusa fuerza en la sociedad. Desde luego, los medios de comunicación han confundido a miles de personas y las han dejado endurecidas. Y las agendas políticas para redefinir el matrimonio, tanto en las leyes civiles como en las iglesias, han ahondado esta confusión en formas poderosamente destructivas. Pero somos nosotros —cada uno— cuyas almas están agobiadas por el pecado de nuestra propia lujuria, a quienes los matrimonios se les han hecho pedazos, a quienes los hijos se les han perdido. No podemos ignorar nuestros propios errores; tenemos que asumir la responsabilidad por nuestras propias acciones, por cada instante en que hemos aceptado el espíritu de impureza y hemos permitido que el mal entre en nuestro propio corazón. Nos hemos burlado y hemos torcido la imagen de Dios y nos hemos separado de nuestro creador. Tenemos que aprender a escuchar de nuevo los gritos más profundos de nuestro corazón, arrepentirnos y volver a Dios.

Han pasado unos cincuenta años desde el comienzo de la revolución sexual, y sus consecuencias devastadoras debieran ser evidentes para todos: generalizada promiscuidad, embarazos y suicidios de adolescentes, decenas de millones de abortos, la propagación de enfermedades transmitidas sexualmente, pornografía infantil, la erosión de la familia y de la vida hogareña, y generaciones de niños sin padres. «Sembraron vientos y cosecharán tempestades» (Os 8:7).

Nuestro tiempo sobrestimó groseramente la importancia del sexo. Sea en los estantes de libros, en los mostradores de los supermercados o en la pantalla, su importancia fue exagerada de una manera completamente dañina. El amor entre un hombre y una mujer no es ya más considerado como algo sagrado o noble;

ha llegado a ser una mercancía vista solo en un sentido animal, como un impulso incontrolable que tiene que ser satisfecho.

Como herramienta de la revolución sexual, la educación sexual moderna es en buena parte responsable de todo esto. Se pretendió que la educación sexual traería libertad, actitudes ilustradas, responsabilidad y seguridad. ¿No es acaso obvio a estas alturas que ha sido un fracaso? ¿No hemos venido viendo hasta ahora que el conocimiento no es una salvaguarda, y que la educación sexual tal como es enseñada en la mayoría de las escuelas solo ha aumentado la actividad sexual?

La verdadera educación para la vida sexual infunde reverencia

La mayoría de padres tienen muy poca idea, si alguna, de lo que les enseñan a sus hijos en las clases de educación sexual. La educación sexual nunca ha sido una simple presentación de datos biológicos. En muchos planes de estudio los estudiantes son enseñados gráficamente (algunas veces por medio de películas) acerca de varias prácticas sexuales, incluyendo la masturbación, y sobre sexo «seguro». En otros, las perversiones sexuales son discutidas abierta y explícitamente y presentadas como formas normales de encontrar «satisfacción» sexual. En algunos distritos escolares se fomenta la valoración y aceptación del estilo de vida bisexual y homosexual: nuestros niños aprenden que éstas son alternativas perfectamente aceptables al matrimonio heterosexual. Algunas escuelas incluso hacen que los estudiantes se agrupen en pares para discutir temas tales como los juegos amatorios y el orgasmo. El uso de antibióticos y el aborto se presentan como mecanismos positivos de seguridad en caso de contracepción y si las prácticas de sexo seguro fallan. La abstinencia, si no es enteramente ignorada, se menciona solo de paso. William Bennett, anterior Secretario de Educación, escribe:

> Hay una suciedad, una crueldad, un cinismo, una trivialidad y una vulgaridad en nuestro tiempo. Hay demasiadas señales de una civilización que se está pudriendo. Y lo peor es que esto tiene que ver con nuestros hijos. Vivimos en una cultura que a veces parece casi dedicada a la corrupción de los jóvenes, asegurando que pierdan la inocencia antes de tiempo.[26]

La educación sexual es más que un entrenamiento de sexo «seguro». En un principio fue instituida como un intento de calmar el fuego de la sexualidad en los adolescentes; por el contrario, solo ha avivado las llamas.[27] Parece que la mayoría de la gente da por sentado que los adolescentes se expresarán y que debieran expresarse sexualmente. Pero, de nuevo, el resultado ha sido millones de abortos, incontables madres solteras con ayuda pública, y una epidemia de enfermedades sexualmente trasmitidas. Evidentemente, la idea de que el conocimiento riguroso promueve un comportamiento responsable no es nada menos que un gran mito.

En general, mucho de lo que es enseñado hoy en el nombre de la educación sexual es un horror, y como cristianos tenemos que protestar contra eso. Es a menudo un poco más que un entrenamiento formal de irreverencia, impureza y rebelión contra el plan de Dios.

La verdadera educación para la vida sexual tiene mejor lugar entre padre e hijo en un ambiente de reverencia y confianza. Educar a alguien acerca del sexo a través de imágenes anónimas e información impersonal solo despertará prematuramente el impulso sexual del niño y, en su mente, separará el sexo del amor y compromiso.

Obviamente, no debemos tener miedo de hablar libremente con nuestros hijos acerca de asuntos sexuales, especialmente cuando ellos entran en la adolescencia. De lo contrario, aprenderán estas cosas primero de sus iguales o en internet, y muy inusualmente en una atmósfera reverente. A pesar de todo, existe un peligro cuando se le da a un niño demasiados datos biológicos acerca del sexo. A menudo, un acercamiento al sexo basado en los hechos le roba su divino misterio.

Para los padres cristianos la educación sexual quiere decir guiar la conciencia sexual de su hija o hijo para darse cuenta de su dignidad y la dignidad de otros. Significa ayudarlos a entender que el placer egoísta, bien sea que «duela» a otra persona o no, es contrario al amor (Gál 5:13). Significa enseñarles que, separado de Dios, el acto sexual u otra actividad sexual abruma la conciencia y socava las relaciones honestas. Quiere decir abrir sus ojos para que vean el hondo vacío que conduce a la gente —y que puede conducirlos también a ellos— al pecado sexual.

Un muchacho puede adquirir una actitud sana hacia su cuerpo y para el sexo de modo bastante natural, sencillamente cuando se le enseña que su cuerpo, como templo del espíritu, es santo, y que cualquier impureza en él es pecado. Nunca olvidaré la profunda impresión que hizo en mí como un joven adolescente cuando mi padre me llevó a caminar y me habló sobre la lucha por una vida pura y la importancia de que me guardase puro yo mismo para la mujer con la que algún día yo podría encontrarme y casarme. Me dijo: «Si tú eres capaz de vivir una vida pura ahora, será más fácil para el resto de tu vida. Pero si te rindes ahora a la impureza personal, llegará a ser más duro y más duro luchar contra la tentación, aunque sea que estés casado».

Los padres que quieren proteger a sus hijos de la impureza deben recordar que la disciplina del trabajo —sea a través de tareas, ejercicios u otras actividades— es una de las mejores defensas. Los chicos que han sido enseñados a perseverar en una tarea estarán mejor equipados para enfrentar las tentaciones sexuales que los chicos que han sido consentidos y complacidos usualmente.

Cualquier mal uso del sexo nos desconecta de nuestro verdadero yo y el uno del otro

Los jóvenes subestiman el poder de las fuerzas demoníacas que permiten en sus vidas cuando se dan a la impureza. Tomemos la masturbación, por ejemplo. A medida que los chicos crecen como hombres y mujeres jóvenes, su deseo sexual aumenta, y a menudo su impulso más inmediato es buscar satisfacción sexual por medio de la masturbación. Hoy en día muchos padres, educadores y ministros sostienen que la masturbación es saludable y natural; ellos la ven solo como una forma de descargar el estrés. Y la fantasía sexual y la actividad sexual a la que aquella con frecuencia lleva, incluso entre chicos que escasamente han alcanzado la pubertad, es considerada por algunos ser algo normal.

¿Por qué nosotros, padres y educadores, tenemos tanto miedo de hablar la verdad, de advertir a nuestros hijos no solo del peligro de la promiscuidad sino también de la masturbación? (Pr 5:1 y sig.) ¿No son ambas enfermedades del alma? ¿No profanan y traicionan ambas la imagen de Dios, y socavan el vínculo del matrimonio? La masturbación nunca puede traer verdadera satisfacción. Es un acto solitario. Es auto-estimulación, autocomplacencia, auto-abuso —nos encierra en un mundo de ensueño y nos separa de relaciones genuinas—. Cuando se hace habitual (que a menudo lo es), empeora el aislamiento y la soledad, e intensifica sentimientos de inutilidad y frustración. En el peor de los casos, en tanto que es una ruptura del vínculo de unidad y amor para el que fue creado el sexo, es comparable con el adulterio. He aconsejado a muchos jóvenes que están esclavizados a la masturbación: ellos desean seriamente ser liberados de su hábito, pero caen en él una y otra vez.

Una persona que lucha con la masturbación con frecuencia se avergüenza mucho de hablar de ella a alguien. Sin embargo, es importante reconocer que como los actos vergonzosos actúan en secreto, su poder solo puede ser quebrado cuando son traídos a la luz. En efecto, compartir las cargas de uno y los sentimientos íntimos con un mentor o pastor puede ser penoso, pero este es el único recurso para alguien que quiere llegar a ser verdaderamente libre.

Hay gente que puede luchar con la masturbación hasta el fin de su vida. He dado consejos a hombres en sus ochentas que aún no han encontrado liberarse de ella. Surge la cuestión de si hay algo que uno pueda hacer para deshacerse de esta maldición. Mi consejo para aquellos esclavizados a la masturbación es que busquen fuerza por medio de la oración. Ustedes no vencerán su adicción con el solo poder de la voluntad. Antes de ir a la cama de noche, vuelva sus pensamientos a Dios y lea algo de naturaleza interior, espiritual. Aún entonces la tentación de masturbarse puede surgir. Cuando eso suceda, encuentre algo que aparte su mente de ella —salga de la cama y haga una caminata, o haga alguna tarea doméstica—. A menudo una simple actividad provee los mejores medios para vencer estas fuertes tentaciones.

Con frecuencia la esclavitud a la masturbación está conectada a otra forma de cautiverio: la pornografía. Muy pocas personas admitirán una adicción a la pornografía, pero el hecho de que es una industria de miles de millones de dólares muestra cuán extendida está, también entre «cristianos».

Muchas personas afirman que la pornografía no debiera ser criminalizada porque no tiene «víctimas». No obstante, cualquier cosa que estimula la impureza, hasta en la forma de solitaria excitación sexual, es un crimen porque degrada el cuerpo humano, que fue creado a imagen de Dios como un templo del alma (1 Cor 6:19). Las llamadas líneas de distinción trazadas entre la pornografía, la masturbación, las citas por una noche y la prostitución son en efecto una ilusión. Todas estas cosas son medios usados para obtener satisfacción sexual sin la «carga» del compromiso. Todas reducen el misterio del sexo a una técnica para satisfacer la lujuria. Y todas ellas son vergonzosas y la clandestinidad de aquellos que se satisfacen en ellas delata ese hecho más claramente que cualquier otra cosa (Rom 13:12–13).

La oración y la confesión pueden liberarnos
del peso de la impureza

Nadie puede liberarse con su propia fuerza de la impureza o de cualquier otro pecado. La libertad viene por la actitud de pobreza interior, a través de volver constantemente a Dios. La lucha contra la tentación está en todos y siempre estará allí, pero por medio de la oración y la confesión, el pecado puede ser vencido.

Cuando quiera que bajemos nuestra guardia en la lucha por la pureza —cuando quiera que permitamos a la pasión y a la lujuria que nos venzan— estamos en el peligro de arrojarnos a nosotros mismos a la basura. Entonces no seremos capaces de ahuyentar los espíritus malos que hemos permitido que entren en nosotros, y la intervención de Cristo mismo será necesaria para traer la libertad. Sin esto, solamente habrá desesperanza y desesperación cada vez más profundas.

En las situaciones más extremas la desesperación traída por una vida oculta de impureza termina en suicidio. Éste solo puede ser descrito como una rebelión contra Dios, como una declaración que dice: «Yo estoy más allá de toda esperanza —mis problemas son demasiado grandes incluso para que Dios pueda manejarlos—». El suicidio niega que la gracia de Dios sea más grande que nuestras debilidades. Si nos encontramos a nosotros mismos en el abismo de la desesperación, la única respuesta es buscar a Dios y pedirle su compasión y misericordia. Aun cuando nos encontremos nosotros mismos al borde de nuestro límite, Dios quiere darnos nueva esperanza y coraje, no importa cuán profundamente sintamos que le hemos traicionado. Dios siempre está listo para perdonar todo pecado (1 Jn 1:9); solamente necesitamos ser lo suficiente humildes para pedírselo. Cuando alguien es tentado con pensamientos de suicidio, lo más importante que podemos hacer es mostrarle amor —recordarle que cada uno de nosotros fue creado por y para Dios, y que cada uno de nosotros tiene un propósito que cumplir—.

Apartarse del pecado y darse cuenta de que somos creados por Dios siempre es una revelación y una alegría. Si vivimos fielmente delante Dios en nuestra vida aquí en la tierra, reconoceremos la magnitud de nuestra tarea maravillosa, la tarea de recibir su amor y compartirlo con otros. No hay un llamado más grande.

16

¿Qué sobre la homosexualidad?

Porque ustedes antes eran oscuridad, pero ahora son luz en el Señor. Vivan como hijos de luz (el fruto de la luz consiste en toda bondad, justicia y verdad) y comprueben lo que agrada al Señor. No tengan nada que ver con las obras infructuosas de la oscuridad, sino más bien denúncienlas, porque da vergüenza aun mencionar lo que los desobedientes hacen en secreto.

Efesios 5:8–12

CUANDO, POR ALLÁ EN 1995, un comité de la Iglesia de Inglaterra recomendó que la frase «vivir en pecado» fuera abandonada y que a parejas no casadas, heterosexuales y homosexuales por igual, se «les diera ánimo y apoyo» en su estilo de vida, la mayoría de los cristianos se alarmaron. Sugiriendo que las «relaciones amorosas y actos homosexuales» no son intrínsecamente menos valiosos que aquellos heterosexuales, el comité propuso que el amor debiera ser permitido expresarse «en una variedad de relaciones».[28] Hoy en día tal declaración difícilmente levantaría las cejas de nadie; docenas de denominaciones han aseverado ideas similares, y las personas que están en desacuerdo son renuentes a hablar. En el nombre de la «tolerancia» y «apertura,» las enseñanzas de Cristo han sido reemplazadas por un falso evangelio que insiste en que la conducta pecaminosa es normal y hasta bendecida por Dios.

El «matrimonio» del mismo sexo fue, en ese tiempo, una idea marginal extrema, lejos de la opinión más aceptada, cuando este comité de la Iglesia de Inglaterra divulgó su reporte. Hoy es la ley en gran parte del mundo occidental y más allá. Muchos políticos y un número creciente de clérigos y gente común y corriente tienen miedo de decir alguna cosa en contra de este movimiento por temor a perder amigos o posiciones. Muy pocos se atreven a ponerse en la oposición y a decir: «¡Basta!». Pero al rehusarse a reconocer el matrimonio como una alianza entre un hombre y una mujer, ellos no solo ponen en duda toda la institución de la familia, sino que niegan rotundamente el orden de la creación. Ellos están enviando un mensaje equivocado a los niños: que cualquier cosa está bien siempre y cuando dos personas tengan sentimientos de amor entre sí, y que el compromiso de toda la vida con una persona del sexo opuesto es meramente una de muchas opciones.

Con mayor razón aún, aquellos de nosotros que creemos en las verdades invariables de Dios no debemos temer a testimoniar su maravilloso plan para la sexualidad humana, y demostrar la belleza y libertad de una vida de pureza.

Tenemos que amar a todos, y por eso es que también tenemos que hablar contra el pecado

Cada uno de nosotros es un pecador y cada día somos insuficientes. Los actos homosexuales no son peores que otros pecados, y sabemos por la Biblia que ninguna transgresión es tan terrible que no pueda ser perdonada o sanada (Ef 2:3–5). Maltratar a los homosexuales o juzgar a un homosexual practicante más duro que alguna otra persona es injusto.

El dicho «Odiar el pecado pero amar al pecador» ha sido ridiculizado por los defensores de los derechos de los homosexuales, pero en realidad expresa una verdad fundamental del evangelio que se aplica a toda persona, y no solo a aquellos luchando con inclinaciones homosexuales. Jesús vino para hacernos a todos libres del pecado. Es cierto que él acepta a todos y cada uno de nosotros. Sin embargo él nos ama demasiado para permitirnos seguir como somos. Él odia la maldad que nos esclaviza, y dio su vida para redimirnos de ella.

Afirmar las relaciones homosexuales es negar el propósito creador de Dios

La conducta homosexual es un pecado. Es «contra la naturaleza» contra el diseño creador de Dios, y es una forma de auto-veneración e idolatría (Rom 1:26). Como un acto sexual entre dos personas del mismo sexo, es el «muy lamentable» pecado de Sodoma y Gomorra (Gn 18:20).

En Levítico 18:22–23, Dios llama a la relación homosexual una abominación: «No te acostarás con un hombre como quien se acuesta con una mujer. Eso es una abominación». Dejemos a aquellos que subestiman esta prohibición y argumentan que nosotros ahora «ya no estamos más bajo la ley, sino bajo la gracia», que nos expliquen entonces por qué las prohibiciones del incesto, adulterio, bestialidad y sacrificios humanos no deban también ser ignorados. Todas estas abominaciones están condenadas en la oración que sigue a ese mismo pasaje.

El Nuevo Testamento condena también comportamientos homosexuales. En la Carta a los Romanos 1:26–28, Pablo escribe:

> Por tanto, Dios los entregó a pasiones vergonzosas. En efecto, las mujeres cambiaron las relaciones naturales por las que van contra la naturaleza. Así mismo los hombres dejaron las relaciones naturales con la mujer y se encendieron en pasiones lujuriosas los unos con los otros. Hombres con hombres cometieron actos indecentes, y en sí mismos recibieron el castigo que merecía su perversión.

Y en la Primera Carta a los Corintios 6:9–10, Pablo escribe:

> ¿No saben que los malvados no heredarán el reino de Dios? ¡No se dejen engañar! Ni los fornicarios, ni los idólatras, ni los adúlteros, ni los sodomitas, ni los pervertidos sexuales, ni los ladrones, ni los avaros, ni los borrachos, ni los calumniadores, ni los estafadores heredarán el reino de Dios.

Muchas personas reinterpretan estos textos como condenando solo el comportamiento ofensivo homosexual (y heterosexual). Pero ¿no es claro que cuando Pablo habla de «ofensores homosexuales» está hablando de la ofensa del comportamiento homosexual como tal? Si solo los actos homosexuales «ofensivos» son malos, entonces qué en cuanto al resto de lo que Pablo menciona en el mismo pasaje: adulterio, idolatría y demás?

¿Qué pudiera ser más claro que las palabras de Pablo en la Carta a los Romanos, donde llama a la conducta homosexual «deseo pecaminoso, impureza sexual» y dice que es «degradante y vergonzosa»? ¿O que sus, sin duda, agudas palabras contra entregarse uno mismo «a una mente depravada» (Rom 1:24–28)? Los actos homosexuales son siempre malos porque siempre distorsionan la voluntad de Dios para con la creación. Ellos sencillamente no pueden ser defendidos en modo alguno por las Escrituras.[29] Y esto es tan cierto incluso cuando tienen lugar en el contexto de una relación «amorosa» de por vida. Una aventura adúltera heterosexual puede también sentirse como amorosa y puede ser de larga duración, pero eso no la hace correcta.

Es típico hoy en día oír a la gente hablar acerca de la injusticia de tener a los homosexuales responsables de una orientación que ellos mismos no escogieron necesariamente. Pero esto yerra el blanco. Sea que los homosexuales son responsables por su orientación sexual o no, no tiene nada que ver con lo correcto o incorrecto de su conducta. Explicar la conducta es una cosa. Justificarla es totalmente diferente.

Muchos libros han sido publicados recientemente argumentando que la Biblia nunca condena el «matrimonio» del mismo sexo, y que solo rechaza cierto tipo de comportamiento homosexual: violación, prostitución ritual y sexo promiscuo. Estas obras argumentan que en ninguna parte se condena la atracción homosexual en sí misma, ni las relaciones comprometidas de mutuo acuerdo entre dos adultos del mismo sexo.[30] Sin embargo, lo que estos libros pierden de vista es el propósito original de Dios para el sexo y su plan original para el matrimonio: la unión de un hombre y una mujer quienes llegan a ser «una sola carne» para hacer posible la creación de una nueva vida. En otras palabras, el amor sexual como Dios lo intentó es mucho más que un intenso sentimiento de mutua atracción o que una asociación sexual-romántica. Si esto es todo lo que significa el matrimonio, entonces los matrimonios abiertos, las relaciones incestuosas o relaciones multi-amorosas incluyendo múltiples parejas, también deberían ser aceptadas. Después de todo, tales relaciones pueden ser también «amorosas» y de larga duración. Pero claramente, aun cuando ese sea el caso, eso no hace tales relaciones correctas o bíblicas.[31]

Cualquiera que sea su origen o clase, la tentación sexual puede ser vencida

Los deseos sexuales de un homosexual pueden ser agudos, pero también lo pueden ser los de cualquiera. Todos estamos «naturalmente» predispuestos a hacer lo que no debiéramos hacer. Pero si creemos en Dios, tenemos también que creer que él puede darnos la gracia para vencer cualquier lucha que nosotros tengamos que soportar: «Él me dijo: "Te basta con mi gracia, pues mi poder se perfecciona en la debilidad"» (2 Cor 12:9–10).

Al hablar en contra de tales pecados, siempre debemos recordar que aunque la Escritura condena el comportamiento homosexual, nunca nos da licencia para condenar a aquellos que lo practican. Como cristianos, desde luego, no podemos consentir la negación de los derechos humanos básicos de nadie, cualquiera sea la razón. Es demasiado fácil olvidar que la Biblia tiene mucho más que decir acerca del orgullo, codicia, resentimiento y auto-justificación que acerca de la homosexualidad.

No obstante, necesitamos resistir la agenda de aquellos que tratan de presentar la homosexualidad solo como otro estilo de vida —especialmente en tanto que promueve la legalización de los «matrimonios» del mismo sexo—, así como también los esfuerzos orientados a obligar a grupos religiosos a ir contra sus creencias básicas y aceptar homosexuales practicantes como miembros y hasta como ministros.

Es también importante considerar la diferencia entre inclinaciones u orientaciones homosexuales y un estilo de vida homosexual activo. Mientras que la orientación homosexual puede surgir por causa de influencias psicológicas, el ambiente social y tal vez constitución genética, un estilo de vida homosexual activo es un asunto de elección. Argumentar que nuestra cultura, la familia, el desarrollo o los genes nos hacen impotentes para escoger a favor o en contra del pecado es negar el concepto de libre albedrío.

Como una orientación, la homosexualidad es una condición con raíces especialmente hondas, y aquellos que luchan con ella merecen compasión y ayuda. Por eso necesitamos siempre estar listos para recibir al hombre o mujer homosexual dentro de nuestra comunidad, comprometernos con él o ella —con paciencia y amor y, sin embargo, también con la claridad de rehusarnos a tolerar un continuo pecar—. Sobre todo, necesitamos recordar a aquellos agobiados por la atracción del mismo sexo que ellos son más que su sexualidad.

He aconsejado a muchas personas que han luchado con tentaciones homosexuales. Algunas veces la situación de una persona parece no tener esperanza, pero en mi experiencia, incluso alguien que ha estado arraigado en el estilo de vida homosexual por largo tiempo puede ser ayudado. Sea que una persona ceda a sus tentaciones o no, algo permanece inalterado: si esta persona se vuelve a Jesús con decisión, puede ser ayudada y liberada; si está dividida en lo hondo de su corazón, hasta el más valiente esfuerzo para resistir la tentación la paralizará espiritualmente. Incluso, una mirada perversa muestra que una persona que no está decidida —y Jesús llama a esto «adulterio» en el corazón—. La libertad duradera solo puede ser encontrada en la firmeza.

Es de la mayor importancia que las personas que no están agobiadas por la homosexualidad traten de entender la enorme necesidad interior, pena y soledad con los que viven muchos homosexuales.[32] Su deseo sexual desorientado con frecuencia proviene de un intenso clamor por una conexión genuinamente amorosa con otras personas. Muchos homosexuales nunca han conocido un amor incondicional, acogedor, por parte de aquellos de su propio género. En hogares abusivos y sin padre, en nuestro país, existe un vacío que es capaz de inducir en los niños sentimientos homosexuales. Y en nuestra cultura, motivadas como están por la competencia y la voluntad de dominar, es fácil para algunas personas sentirse excluidas; como consecuencia, ellas pueden orientarse por ello a la actividad homosexual.

He llegado a conocer a Howard y a su esposa, Ann, desde que se unieron a nuestra iglesia hace dos décadas. Sin embargo, no ha sido sino hasta hace poco que yo entendí plenamente la hondura de la lucha de Howard. Abusado cuando niño por su tío, descuidado por su padre alcohólico, y ridiculizado por los muchachos de su edad por su falta de habilidades atléticas, Howard creció sintiéndose incomprendido y fuera de lugar. Él ansiaba atención: de su padre, de otros hombres y de muchachos de su misma edad. Para cuando estaba a la mitad de su adolescencia, él era activo homosexualmente. Aunque Howard no culpaba a su crianza por las elecciones que él hizo más tarde en su vida, su historia debiera alertar a todos los padres de lo que puede pasar cuando los hijos crecen sin el apoyo de una familia comprensiva.

Pero la historia de Howard es más que una advertencia. Da testimonio del poder redentor de Cristo, de la importancia del arrepentimiento, de la fuerza sanadora del perdón y del gozo que cada uno de nosotros puede conocer. Él escribe:

Cuando yo tenía dieciséis años, comencé a enredarme con otros chicos. No mucho tiempo después permití a hombres viejos que «experimentaran» conmigo. Estas experiencias sexuales me excitaban, pero me hacían sentir muy culpable. No fui capaz de compartir con nadie nada de lo que estaba atravesando. Hasta le mentí a mi padre cuando él me confrontó directamente y me preguntó si yo tenía tales sentimientos.

Para cuando llegué a los veintiuno, había realizado prácticamente todo acto homosexual posible. Nada me satisfacía. Mis encuentros con otros hombres eran vacíos; prefería mirar películas y crear mis propias fantasías. Nunca traté de aclarar mi atracción por los hombres, justificándola como algo que yo «no podía evitar». Aun cuando mi seguro médico pagó por una psicoterapia por causa del estrés y ansiedad relacionados con el trabajo, no dije al psiquiatra nada personal. Yo estaba convencido: no tiene sentido hablar de esto con nadie; nadie me entendería y, de todas maneras, no era posible que yo cambiara.

Me casé con la primera mujer con quien tuve relación sexual. Ann me amó y aceptó lo que sabía de mí. Nosotros conversamos sobre nuestros sentimientos personales desde un principio, pero ya habíamos estado casados por dos años antes de que yo reuniera el valor para compartir mi secreto con ella. Por supuesto, Ann respondió con atónita sorpresa. Ella no podía entender cómo era eso posible. Le conté a ella de mi niñez y acerca de los pensamientos y deseos que me agobiaban. Le aclaré a ella que yo no quería tener nada que ver con estas cosas, y ella lo aceptó y parecía tener esperanza que yo cambiaría. A pesar de que yo caí en encuentros casuales con otros hombres en muchas más ocasiones, ella continuamente me perdonaba.

Muchos homosexuales «salían del closet» por entonces, revelando su estilo de vida a su familia y amigos y tratando de encontrar aceptación. Yo temía esto, porque estaba seguro de que no sería aceptado. De hecho, en mi corazón no quería aceptación; yo quería ayuda para vencer mi problema. Por último le conté mi historia a un pastor laico en quien confiaba. Él me ayudó encontrar la fuerza para compartir mi lucha con un grupo pequeño de personas que conocía y que sentía cercano. Al principio ellos quedaron estupefactos, pero luego fueron muy compasivos, sabiendo que ellos también tenían luchas. Este fue el comienzo de mi ruta a la recuperación. Pero era solo el comienzo.

Más tarde mi esposa y yo nos mudamos a una comunidad cristiana intencional, percibiendo que habíamos llegado a un lugar donde se podía encontrar verdadera sanación. Hasta cierto grado esto fue verdad, pero algunas veces, cuando me sentía desalentado y deprimido, yo hasta me entregaba a pensamientos y miradas lujuriosos, los que, en muchas ocasiones, por poco me regresaron a mis viejos caminos. Evidentemente, yo nunca podría vencer mis problemas con mis propias fuerzas. De todas formas, me engañé a mí mismo creyendo que podía, y convencí a mi esposa de que estaba haciendo lo correcto. Mientras tanto, yo estaba olvidando las palabras de Jesús en cuanto a miradas lujuriosas. Mi conciencia se volvió embotada e insensible. Mi corazón se hizo más duro y cerrado.

Ann siguió confiando en mí, y Dios nos dio dos hijos. Sin embargo, a pesar de estas bendiciones, me hundí más honda y profundamente. Entonces, un día, un amigo me descubrió mirando pornografía. Aunque al principio traté de mentir para salir del paso, finalmente encontré valor para admitir mi pecado. Yo esperaba ser «expulsado del pueblo». Pero aun cuando nadie aprobó mi conducta, no me sentí condenado. Los hombres que yo pensé iban a estar totalmente disgustados conmigo de pronto me miraron de frente a los ojos con verdadero amor fraternal. Mi corazón endurecido comenzó a derretirse.

Mi esposa y yo nos separamos por un tiempo para que yo pudiera encontrarme de nuevo a mí mismo. Durante ese tiempo Ann permaneció fiel a su compromiso con la comunidad eclesial y conmigo. Ella me dijo más tarde: «Cuando nos casamos, no tenía idea de lo que íbamos a enfrentar en el futuro. Prometimos permanecer fieles —pase lo que pase— a Dios, a la iglesia y el uno al otro. No teníamos idea de qué era lo que estábamos prometiendo, pero yo sé que eso es lo que nos protegió. Eso es lo que nos guió a estar juntos de nuevo».

Ann estaba en lo correcto, por supuesto. Fue solo por la gracia de Dios que fui capaz de reconocer que necesitaba desesperadamente regresar completamente limpio, abrir mi corazón más ampliamente que lo que nunca había hecho antes, y aclarar cada acto malo o actitud enraizada del pasado. Yo vi cómo mi propio egoísmo estaba en la raíz de mi problema. Gota a gota, sentí que se rompía mi cautiverio en las tinieblas.

En tanto mi arrepentimiento se profundizó, mi corazón se hizo más liviano, mi mente más libre. Finalmente, regresé con mi esposa e hijos. Ahora estamos más cerca que nunca como familia. Y la maldición que he vivido toda mi vida ha sido transformada en un profundo gozo. Cristo me ha dado el don de una conciencia clara —no hay más grande don—. Esto me da coraje para enfrentar cualquier cosa que pueda venir en el futuro. Yo sé que seré tentado por el resto de mi vida, pero también sé que hay siempre cómo abrirse paso. Puedo recibir ayuda más allá de mis propias fuerzas.

La verdadera libertad es posible para cada hombre y mujer, y creer esto depende de nosotros (Gál 5:1–13). La historia de Howard y Ann debe recordarnos que no hemos de pretender que la victoria es fácil, o que se puede lograr de una vez para siempre. Puede que no. Por cada persona a la que se le ha concedido la salud, hay docenas más que tienen que luchar con tentaciones por años, algunos por el resto de sus vidas. Sin embargo, ¿son las cosas diferentes para el resto de nosotros? Siempre ha habido muchos cristianos que han ansiado y orado, aparentemente sin resultado, por conseguir la liberación de algún pecado dominante. Finalmente, Cristo nos liberará si nos entregamos incondicionalmente a él.

Para muchos que padecen atracciones del mismo sexo, el llamamiento al discipulado puede significar una vida soltera célibe. Lo mismo se aplica a cualquier cristiano que es incapaz de casarse, incluyendo muchos hombres y mujeres que ansían encontrar una pareja para el matrimonio pero nunca la consiguen. No importa cuál sea nuestra situación, bien sea casado o soltero, nunca debemos dudar de que como somos creados a imagen de Dios, siempre hay esperanza para una vida fiel de servicio y amor.

17

La guerra oculta

Pero tú me sacaste del vientre materno; me hiciste reposar confiado en el regazo de mi madre. Fui puesto a tu cuidado desde antes de nacer; desde el vientre de mi madre mi Dios eres tú. No te alejes de mí, porque la angustia está cerca y no hay nadie que me ayude.

Salmos 22:9–11

HACE CASI UN SIGLO, como respuesta a la idea de planificación familiar «moderna», Eberhard Arnold escribió: «En nuestras familias deseamos tantos niños como Dios nos dé. Alabamos el poder creativo de Dios y damos la bienvenida a familias grandes como uno de sus grandes dones».[33]

¿Qué diría él ahora, en un tiempo en que la contracepción es la práctica normal y millones de bebés sin nacer son legalmente asesinados cada año? ¿Dónde está nuestro gozo por los niños y en la vida familiar? ¿Dónde está nuestra gratitud por los dones de Dios? ¿Dónde está nuestra reverencia por la vida y nuestra compasión por aquellos que son los menos capaces para defenderse ellos mismos? Jesús es muy claro al decir que nadie puede entrar en el reino a no ser que él o ella lleguen a ser como un niño.

El sexo sin valorar el don de la vida es malo

El espíritu de nuestra época está diametralmente opuesto no solo al espíritu de niño sino aun a los niños mismos.[34] Es un espíritu de muerte, y puede ser visto por todas partes en la sociedad moderna: en el incremento del índice de asesinatos y suicidios, en la violencia doméstica generalizada, en los abortos, la pena de muerte y la eutanasia. Nuestra cultura parece orientada hacia el camino de la muerte, a tomar en sus propias manos lo que está en el dominio de Dios. Y no es solamente el estado el que es culpable.

¿Cuántas iglesias aprueban la muerte de bebés no nacidos bajo la apariencia de apoyar los derechos de las mujeres? La «liberación» sexual de nuestra sociedad ha sembrado increíble destrucción. Es una falsa liberación edificada sobre la búsqueda egoísta de satisfacción y placer. Ignora la disciplina, la responsabilidad y la libertad real que éstas pueden traer. En las palabras de Stanley Hauerwas, es un reflejo «de una honda falta de confianza de que tenemos algo digno de pasar a una nueva generación. . . . Estamos deseando nuestra muerte».[35]

La mayoría de las personas hoy en día no tienen escrúpulos de conciencia cuando la vida de un ser humano pequeñito es impedida o destruida. Una vez considerada la más grande bendición que Dios puede dar, los niños son considerados ahora en términos de su costo: ellos son una «carga» y una «amenaza» a la libertad y a la felicidad del individuo.

En un verdadero matrimonio, hay una estrecha conexión entre el amor conyugal y una nueva vida (Mal 2:15).

Cuando el esposo y la esposa llegan a ser una sola carne, siempre debe ser con el reconocimiento reverente de que a través de ello una nueva vida puede formarse. De esta manera su unión sexual viene a ser una expresión de amor creativo, una alianza que sirve a la vida. Pero, ¿cuántas parejas ven el sexo de esta manera? Para la mayor parte, la píldora ha hecho de la relación sexual un acto trivial, divorciado de cualquier responsabilidad y supuestamente libre de consecuencias.

Como cristianos tenemos que estar dispuestos a hablar contra la mentalidad contraceptiva que ha infectado nuestra sociedad. Demasiadas parejas se han creído la mentalidad popular de complacencia sexual y planificación familiar por encargo, arrojando al viento las virtudes de autocontrol y confianza. El sexo solo por sí mismo, incluso hasta en el matrimonio, no solo degrada la relación sexual sino que erosiona la base del amor de auto-entrega que es necesario para tener hijos. Dedicarse al placer sexual como un fin en sí mismo, sin valorar el don de la vida, es un error. Quiere decir cerrar la puerta a los hijos, y así despreciar a ambos, al don y al dador (Job 1:21). Como la Madre Teresa una vez dijo:

> Al destruir el poder de dar vida a través de la contracepción, un esposo o una esposa se está haciendo algo a sí mismo. Esto centra la atención en el ego, y así destruye el don del amor en él o en ella. Al amar, el esposo y la esposa deben volver la atención a cada uno, como pasa con la planificación familiar natural, y no a sí mismos, como pasa en la contracepción.[36]

La contracepción socava la plenitud y la realización de dos que son una carne, y por causa de esto debemos sentir repugnancia hacia la actitud que busca consistentemente evitar la responsabilidad de tener hijos.

Nada de esto sugiere que debamos traer hijos al mundo irresponsablemente o poniendo en riesgo la salud y el bienestar de la madre. El tamaño de una familia y el espaciamiento de hijos son asuntos de inmensa responsabilidad. Es algo que cada pareja ha de considerar ante Dios, en oración y reverencia. Tener hijos muy juntos en el tiempo puede poner una carga especialmente difícil para la madre. Esta es un área donde el esposo tiene que mostrar amoroso respeto y comprensión hacia su esposa. Nuevamente, es vital que la pareja vuelva junta a Dios y ponga sus incertidumbres y temores delante de él con fe (Mt 7:7–8). Si estamos abiertos a la guía de Dios, estoy convencido que él nos mostrará el camino.

Abortar a cualquier niño es burlarse de Dios

La mentalidad contraceptiva no es sino una de las manifestaciones del espíritu de muerte que ve a la nueva vida como inoportuna en tantísimos hogares. Por todas partes en la sociedad de hoy existe una guerra escondida que está teniendo lugar, una guerra contra la vida. Demasiadas almas pequeñas son profanadas. Y de aquellas que no son prevenidas de entrar en el mundo por la contracepción, ¡cuántas son cruelmente destruidas por el aborto!

El predominio del aborto en nuestra sociedad es tan grande que hace de la matanza de los inocentes por Herodes casi nada en comparación. El aborto es un asesinato —no hay excepciones—. Si las hubiera, el mensaje de los evangelios sería inconsistente y sin sentido. Aun el Antiguo Testamento pone claro que Dios odia que se derrame sangre inocente (Pr 6:16–17). El aborto destruye la vida y se burla de Dios, en cuya imagen cada bebé no nacido es creado.

En el Antiguo Testamento hay numerosos pasajes que hablan de la presencia activa de Dios en cada vida humana, incluso mientras está aún formándose en el útero. En Génesis 4:1 después de que Eva concibió y dio a luz a Caín, ella dice: «¡Con la ayuda del Señor, he tenido un hijo varón!» Ella no dice: «Con la ayuda de Adán» sino «con la ayuda del Señor».

En el Salmo 139 leemos:

> Tú creaste mis entrañas; me formaste en el vientre de mi madre. ¡Te alabo porque soy una creación admirable! ¡Tus obras son maravillosas, y esto lo sé muy bien! Mis huesos no te fueron desconocidos cuando en lo más recóndito era yo formado, cuando en lo más profundo de la tierra era yo entretejido. Tus ojos vieron mi cuerpo en gestación: todo estaba ya escrito en tu libro; todos mis días se estaban diseñando, aunque no existía uno solo de ellos (Sal 139:13–16).

Job exclama: «El mismo Dios que me formó en el vientre fue el que los formó también a ellos; nos dio forma en el seno materno» (Job 31:15).

Y Dios dijo al profeta Jeremías: «Antes de formarte en el vientre, ya te había elegido; antes de que nacieras, ya te había apartado; te había nombrado profeta para las naciones» (Jr 1:5).

También leemos en el Nuevo Testamento que los no nacidos son llamados por Dios antes del nacimiento (Gál 1:15) y que sus dones únicos son profetizados mientras aún están en el seno de la madre. Quizás uno de los más maravillosos pasajes acerca de un bebé no nacido se encuentra en Lucas:

> Tan pronto como Elisabet oyó el saludo de María, la criatura saltó en su vientre. Entonces Elisabet, llena del Espíritu Santo, exclamó: ¡Bendita tú entre las mujeres, y bendito el hijo que darás a luz! Pero, ¿cómo es esto, que la madre de mi Señor venga a verme? Te digo que tan pronto como llegó a mis oídos la voz de tu saludo, saltó de alegría la criatura que llevo en el vientre (Lc 1:41–44).

Aquí un niño sin nacer, Juan el Bautista, el heraldo de Jesús, saltó en el vientre de Elisabet en reconocimiento de Jesús, quien había sido concebido poco antes. Dos niños: uno capaz de responder al Espíritu Santo, y el otro —ningún otro sino Cristo mismo— concebido por el Espíritu Santo (Mt 1:20–21).

Claramente, la idea de que una pequeña nueva vida viene a ser por algo meramente físico y biológico es una completa falsedad. Es Dios quien actúa para traer vida en el seno materno (Sal 71:6). El aborto siempre destruye esta acción.

Es por esto que la iglesia rechaza universalmente el aborto, y lo llama infanticidio. *La Didaché* o *Doctrina de los doce apóstoles*, la más temprana instrucción (100 D.C.) para nuevos cristianos convertidos, no deja duda en cuanto a esto: «No matarás al hijo en el seno de su madre». Y Clemente de Alejandría incluso escribe que aquellos que participan en un aborto «pierden totalmente su propia humanidad junto con el feto».[37]

¿Dónde está la claridad de la iglesia hoy? Aun entre los así llamados cristianos, la guerra de crueldad y muerte que viene siendo librada contra los niños inocentes no nacidos ha llegado a ser un hecho, siendo sus abominables horrores y sus técnicas brutales escondidas por la máscara de la medicina y de la ley, o hasta «justificadas» por toda circunstancia imaginable.

¿Quiénes somos nosotros para juzgar si una vida es deseable o no?

Yo sé que no es popular decir que el aborto es asesinato. Reconozco que la gente dirá que estoy alejado de la realidad —que hasta ciertos teólogos cristianos hacen por lo menos algunas concesiones al aborto—. No obstante, Dios nunca las hace. Su ley es la ley del amor. Ésta sigue vigente para siempre, no importa el cambio de los tiempos ni el cambio de las circunstancias: «No matarás».

La vida humana es sagrada desde la concepción hasta la muerte. Si en realidad creemos esto, nunca seremos capaces de aceptar el aborto por ninguna razón; ni siquiera los argumentos más persuasivos sobre «calidad de vida» o sobre severa deformación física o retraso mental nos persuadirán. ¿Quiénes somos nosotros para decidir si una pequeña alma debe alcanzar la luz del día o no? En los planes de Dios las personas impedidas física o mentalmente pueden ser usadas para la gloria de Dios (Jn 9:1-3). «¿Y quién le puso la boca al hombre? —le respondió el Señor—. ¿Acaso no soy yo, el Señor, quien lo hace sordo o mudo, quien le da la vista o se la quita?» (Ex 4:11).

¿Cómo podemos atrevernos a juzgar quién es deseable y quién no? Los crímenes del Tercer Reich —donde bebés nórdicos «buenos» fueron criados en guarderías especiales, mientras que bebés retrasados, niños y adultos fueron enviados a las cámaras de gas— debería ser suficiente advertencia. Como Dietrich Bonhoeffer escribe: «Cualquier distinción entre la vida que es digna de vivirse y la vida que no es digna de vivirse tiene tarde o temprano que destruir la vida misma».[38]

Incluso cuando la vida de una mujer embarazada está en peligro, el aborto nunca es la respuesta. A los ojos de Dios, la vida de un niño no nacido y la de la madre son igualmente sagradas. Hacer el mal «para que así lo bueno pueda ocurrir» es tomar la soberanía de Dios y su sabiduría en las propias manos (Rom 3:5–8). En angustiosas situaciones como ésta, una pareja debiera volver a la oración de su iglesia:

> ¿Está afligido alguno entre ustedes? Que ore. ¿Está alguno de buen ánimo? Que cante alabanzas. ¿Está enfermo alguno de ustedes? Haga llamar a los ancianos de la iglesia para que oren por él y lo unjan con aceite en el nombre del Señor. La oración de fe sanará al enfermo y el Señor lo levantará. Y si ha pecado, su pecado se le perdonará (St 5:13–15).

Hay un gran poder y protección en la oración de una iglesia unida y en la fe en que la voluntad de Dios pueda ser hecha para ambos: en la vida de una madre y en la de su niño no nacido. Al final —y digo esto con temblor— eso es lo que importa.

Tenemos que ofrecer alternativas, no condenación moral

Como cristianos, nosotros no podemos solamente demandar el fin del aborto sin ofrecer una alternativa positiva. Eberhard Arnold escribe:

Los filósofos morales pueden pedir que la vida sexual esté purificada al insistir en la pureza antes y durante el matrimonio. Pero hasta los mejores de ellos llegan a ser insinceros e injustos si no ponen en claro la base real para el cumplimiento de tan altas demandas. Incluso la destrucción de la vida que está por nacer ... permanece irrefutable sin fe en el reino de Dios. La supuestamente alta cultura de nuestros días continuará practicando esta masacre en tanto el desorden social y la injusticia prevalezcan. El asesinato de un infante no puede ser vencido mientras que la vida privada y la vida pública se mantengan inalteradas.

Quienquiera que luche contra la tendencia egoísta por adquirir bienes y contra el engaño de las diferencias sociales injustas debe luchar en una manera realista — en una manera que demuestre una forma diferente de vida como una posibilidad que existe al presente—. Si no se hace esto, tampoco la pureza en el matrimonio y el fin del asesinato pueden ser exigidos. Ni siquiera uno puede desear la bendición de muchos niños para familias con la más sólida moral, correspondiendo esto a los creativos poderes de la naturaleza de Dios.[39]

Aquí la iglesia ha fallado miserablemente. Hay muchas madres adolescentes que se enfrentan a esta cuestión diariamente y que, sin embargo, no reciben guía interior alguna, ni apoyo emocional ni económico. Muchas sienten que no tienen otra opción más que el aborto: han sido las víctimas de abuso sexual, o tienen miedo de molestar a sus enamorados, o se sienten presionadas por sus padres cuando les dicen que si ellas tiene el bebé ellas no pueden regresar a casa.

Conversando con grupos de mujeres que han tenido abortos, la autora Frederica Mathewes-Green descubrió un consenso casi unánime en porqué éstos ocurren: en casi todos los casos es por causa de sus relaciones con otras personas. Las mujeres no quieren abortos, escribe. Ellas quieren apoyo y esperanza.

> Encontré que es muy probable que una mujer elija el aborto para agradar o proteger a las personas que ella aprecia. A menudo descubre demasiado tarde que hay otra persona con quien ella tiene obligaciones: su propio niño sin nacer. La aflicción que sigue al aborto está motivada por la convicción de que, en una crisis, esta relación fue fatalmente traicionada.
>
> Apoyar a mujeres con embarazos no deseados implica continuar con lo que los centros de cuidados de embarazos han estado haciendo todo este tiempo: proveer alojamiento, cuidado médico, ropa, consejería, etc. Pero debemos también poner atención para convertirnos en amigas incondicionales, que es la ayuda más importante que podemos darles, y hacer cualquier cosa que podamos para reparar las relaciones en el círculo familiar.[40]

Por eso, al hablar contra el aborto, no debemos olvidar que pocos otros pecados causan más pena o angustia del alma. A muy pocas mujeres hoy se les ofrecen alternativas viables, y casi ninguna de ellas está orientada hacia Dios, el único que puede responder a sus necesidades. Una mujer que ha tenido un aborto sufre un gran tormento de conciencia, y su aislamiento y su pena sinfín solo pueden ser curados en la cruz —solo encontrando a Cristo—. Los cristianos necesitan sentir la enorme pena por sus hijos perdidos que tantas mujeres llevan en su corazón. ¿Quién de nosotros puede arrojar la primera piedra? (Jn 8:7). ¡Ay de nosotros si alguna vez nos volvemos indiferentes hacia una mujer que ha tenido un aborto!

Dios ama a cada madre y a cada niño por nacer de una manera muy especial. Después de todo, él nos envió a la tierra a su único hijo, Jesús, como un bebé, en el seno de una mujer. Como Madre Teresa señala, aún si una madre se vuelve contra su niño no nacido, Dios no olvidará esa pequeña alma. Él ha formado a cada bebé en la palma de su mano y tiene un plan para cada vida, no solo en la tierra sino para la eternidad. Para aquellas que están suficientemente desesperadas para entorpecer el plan de Dios, les decimos con Madre Teresa: «Por favor, no mate al niño. Yo quiero el niño. Por favor deme el bebé».

18

*El divorcio
y el casarse de nuevo*

*Todo el que se divorcia de su esposa y se casa con
otra, comete adulterio; y el que se casa con la divorciada, comete adulterio.*

Lucas 16:18

LA CUESTIÓN del divorcio y del volver a casarse es
uno de los temas más difíciles que enfrenta la iglesia
cristiana en nuestro tiempo. Es cada vez más difícil
encontrar parejas que afirmen las palabras: «Lo que
Dios ha unido, que no lo separe el hombre» —parejas
que crean que el matrimonio significa fidelidad entre
un hombre y una mujer hasta que la muerte los separe
(Mt 19:6)—.

*El vínculo del matrimonio puede romperse,
pero nunca puede ser disuelto*

La mayoría de los cristianos hoy creen que el divorcio y
el volver a casarse luego son moral y bíblicamente per-
mitidos. Ellos argumentan que aunque Dios odia el
divorcio, él lo permite como una concesión a nuestra
condición pecaminosa. Por causa de la dureza de
corazón, explican, los matrimonios pueden «morir»
o disolverse. En otras palabras, Dios reconoce nuestra

fragilidad y acepta el hecho que en un mundo caído el ideal no se puede siempre llevar a cabo. A través del perdón de Dios, uno puede siempre empezar de nuevo, aunque sea en un nuevo matrimonio.

Pero ¿qué decir del vínculo que es prometido entre dos y hecho —sabiéndolo o no— delante de Dios? ¿El perdón de Dios siempre significa que nosotros podemos rechazarlo? ¿Siempre permite Dios la infidelidad? Así como la unidad de la iglesia es eterna e inmutable, así el verdadero matrimonio refleja esta unidad y es indisoluble. Como los primeros cristianos, creo que mientras ambos cónyuges estén viviendo, no puede haber un nuevo casamiento después del divorcio. Lo que Dios ha unido en la unidad del espíritu está unido entre sí hasta que la muerte separe a la pareja. La infidelidad, bien sea por parte de un o de ambos cónyuges, no puede cambiar esto. Ningún cristiano tiene la libertad de casarse con alguien mientras que su cónyuge aún esté vivo. El vínculo de unidad está en juego.

Está claro para Jesús que fue por causa de la dureza de corazón que Moisés, bajo la ley, permitió el divorcio (Mt 19:8). Sin embargo, entre sus discípulos —aquellos nacidos del espíritu— la dureza de corazón ya no es una excusa válida. Moisés dijo: «El que repudia a su esposa debe darle un certificado de divorcio». Pero Jesús dijo: «Excepto en caso de infidelidad conyugal, todo el que se divorcia de su esposa, la induce a cometer adulterio, y el que se casa con la divorciada comete adulterio también» (Mt 5:31–32). Los discípulos entendieron con claridad esta palabra decisiva de Jesús: «Si tal es la situación entre esposo y esposa —comentaron los discípulos—, es mejor no casarse» (Mt 19:10). Moisés hizo una concesión al divorcio por pura necesidad, pero esto difícilmente cambia el hecho de que, desde el principio, el matrimonio debía ser indisoluble. Un matrimonio no puede ser disuelto (aún si es roto) ni por el esposo que abandona a su esposa adúltera, ni por la esposa que abandona a su esposo adúltero. El orden de Dios no puede ser abandonado así de fácil ni a la ligera.[41]

Pablo escribe con la misma claridad a los corintios:

> A los casados les doy la siguiente orden (no yo, sino el Señor): que la mujer no se separe de su esposo. Sin embargo, si se separa, que no se vuelva a casar; de lo contrario, que se reconcilie con su esposo. Así mismo, que el hombre no se divorcie de su esposa (1 Cor 7:10–11).

Él también escribe: «La mujer está ligada a su esposo mientras él vive; pero si el esposo muere, ella queda libre para casarse con quien quiera, con tal de que sea en el Señor» (1 Cor 7:39). Y a los romanos les dice: «Por eso, si se casa con otro hombre mientras su esposo vive, se le considera adúltera. Pero si muere su esposo, ella queda libre de esa ley, y no es adúltera aunque se case con otro hombre» (Rom 7:3).

En tanto el adulterio es una traición a la unión misteriosa entre un hombre y una mujer que llegan a ser una sola carne, es una de las peores formas de engaño. El adulterio siempre debe ser confrontado de frente por la iglesia, y la persona adúltera tiene que ser llamada al arrepentimiento y disciplinada (1 Cor 5:1–5).

La respuesta a un vínculo roto es fidelidad y amor

Aunque Jesús permite el divorcio por razones de inmoralidad sexual o adulterio, nunca debería ser un resultado inevitable ni una excusa para volver a casarse. El amor de Jesús reconcilia y perdona. Aquellos que buscan el divorcio tendrán siempre una mancha de amargura en sus conciencias. No importa cuánto dolor emocional le cause la infidelidad del cónyuge, la pareja herida debe estar dispuesta a perdonar. Solo cuando perdonamos podemos tener siempre la esperanza de recibir el perdón de Dios para nosotros mismos (Mt 6:14–15). El amor fiel a nuestro cónyuge, pero especialmente a Cristo, es la única respuesta a un vínculo roto.

Kent y Amy, quienes son ministros juntos en la misma iglesia en Colorado, estuvieron divorciados el uno del otro. Su situación fue tan desesperada como puede suceder en un matrimonio. No obstante, como dejaron la puerta abierta a Cristo, ellos se encontraron de nuevo. Kent comparte:

> Desde el primer día, nuestro matrimonio tuvo grandes problemas, y comenzamos una espiral cuesta abajo de tres años hacia una completa confusión. Yo pensaba que el matrimonio era solo un asunto de pasar el rato con mi esposa y hacer cosas divertidas juntos. No tenía idea cuánto trabajo duro involucraba. Finalmente llegué a ser un cascarón de persona y hasta desprecié la vida a veces. Traté de hacer todas las cosas «espirituales» que se suponía debía hacer: leer la Biblia, orar y hablar con otros. Pero todo parecía tan inútil. Amy y yo vinimos de trasfondos completamente opuestos y, entre más lo buscábamos, menos podíamos comunicarnos.
>
> El dolor fue tan grande que decidimos separarnos y comenzar un proceso de divorcio. Esto fue absolutamente en contra de la educación de mi iglesia, pero me sentí irremediablemente atrapado y tuve que salir. Sin

embargo, aún después de que decidimos el divorcio, el dolor continuaba constante. Llegué a estar tan emocionalmente agotado que hubo mañanas que yo no podía ni siquiera abotonar mi camisa. Incapaz de lidiar con esto, renuncié de mi posición pastoral. Durante todo este tiempo Amy estuvo completamente destrozada. Yo sabía que ella quería que las cosas fueran diferentes, pero todo era demasiado aplastante para mí. A pesar de nuestro compromiso con Cristo y entre nosotros, ambos estábamos completamente perdidos.

Para lidiar con mi dolor eché mano del trabajo. Sabía que tendría enormes problemas si me permitía estar desocupado o involucrado en otra relación. Así que trabajé y trabajé y trabajé. Inconscientemente yo pienso que ambos, Amy y yo, tratamos de confiar en Dios, pero diariamente me juraba que nunca volvería junto a ella. Cada vez que tratábamos de hablar abiertamente, terminábamos peleando. Era un caso perdido.

Llegué hasta el punto donde ya no podía buscar más a Dios. Todas las cosas llegaron a ser tan sin sentido, tan muertas. ¿Qué importaba todo? ¿En cualquier caso, por qué trabajaba tan duro? ¿A quién trataba de engañar? ¿Por qué tratar de hacer la voluntad de Dios si nada bueno nunca vino de ello?

Pero tarde una noche, cuando salía del trabajo, la luna y las estrellas captaron mi atención. Algo me tocó el corazón, y sentí de nuevo la majestad y la misericordia de Dios. En cuestión de segundos fui reducido a lágrimas. Con todo mi dolor y desesperación comencé a sentir, quizás por primera vez, ambas cosas: mi real necesidad y el amor incondicional de Dios. Aunque yo había llegado a ser infiel a mis promesas a Dios y a mi esposa, Dios me aseguró que él aún era fiel a mí y que no me había abandonado. Esa noche fue un verdadero punto de retorno. Por la acción milagrosa de la gracia de Dios, algo dentro de mí comenzó a cambiar.

Ojalá pudiera decir que hubo muchos eventos milagrosos que nos trajeron a Amy y a mí juntos de nuevo. Pero no los hubo. Nos volvimos a encontrar el uno con el otro por medio de duro esfuerzo. No hubo reencuentros instantáneos; nos tomó dos años. Tuvimos que hablar mucho y perdonar mucho. Pero a medida que compartíamos, mucho del dolor y de la emoción que había antes desapareció. Al final fue Dios quien nos rescató. Fue él quien nos ayudó a tener la puerta abierta para él y para cada uno —a pesar de nosotros mismos—. Fue él quien evitó que creyéramos en la mentira de que los problemas de uno se resuelven al estar involucrado con una persona más apropiada.

Nuestro matrimonio aún sigue avanzando a través de terrenos ásperos. Quizás siempre será así. Nosotros seguimos siendo muy diferentes el uno del otro. Y si me concentro demasiado en mis debilidades o en las de Amy, es tentador tratar de encontrar una salida. Pero la fidelidad de Dios nos une y preserva nuestro amor. Y es esta fidelidad la que me mantiene enfocado y comprometido.

Por supuesto, no toda lucha matrimonial termina tan feliz como la de Kent y Amy. En mi iglesia ha sucedido muchas veces que un esposo o esposa llega a ser infiel, se divorcia de su cónyuge y vuelve a casarse. Casi cada vez, la persona dejada ha decidido permanecer en nuestra iglesia, fiel a Cristo y a sus votos matrimoniales. Aunque ésta es naturalmente una decisión penosa —y doblemente cuando hay hijos involucrados— es el costo del discipulado. Si volvemos a Dios, él nos dará la fuerza para seguir juntos.

Cuando caso a una pareja, siempre les hago la siguiente pregunta que fue formulada por mi abuelo, un pastor disidente en la Alemania nazi.

Mi hermano, ¿nunca seguirás a tu esposa —y mi hermana, nunca seguirás a tu esposo— en lo que no es correcto? Si uno de ustedes se alejara del camino de Jesús y quiere abandonar la iglesia, ¿pondrás siempre tu fe en nuestro Maestro, Jesús de Nazaret, y en la unidad de su Santo Espíritu sobre tu matrimonio, también cuando seas confrontado por las autoridades del gobierno? Les pregunto esto sabiendo que un matrimonio es edificado sobre la arena a menos que sea edificado sobre la roca de la fe, la fe en Jesús, el Cristo.

Tan pertinente hoy como en su contexto original, hay una profunda sabiduría en esta pregunta. En un sentido, es un recordatorio sencillo de la opción puesta delante de cada uno de nosotros que reclamamos ser discípulos: ¿Estamos listos para seguir a Jesús a todo costo? ¿Acaso él mismo no nos advirtió: «Si alguno viene a mí y no sacrifica el amor a su padre y a su madre, a su esposa y a sus hijos, a sus hermanos y a sus hermanas, y aun a su propia vida, no puede ser mi discípulo» (Lc 14:26)?

Si una pareja toma esta advertencia seriamente, ella puede traer cierta separación, pero la santidad de su alianza matrimonial en realidad será protegida. El tema aquí no es solo el matrimonio como tal, sino el más profundo vínculo de unidad entre dos personas unidos en Cristo y su Santo Espíritu (1 Cor 7:15–16). Dondequiera que un hombre y una mujer permanezcan leales a su cónyuge —no importa cuán infiel su cónyuge sea— ello es testimonio a esta unidad. La fidelidad eterna de Dios y de su iglesia puede siempre engendrar nuevo compromiso y esperanza. Yo he visto más de una vez cómo la fidelidad de un cónyuge creyente ha guido a un cónyuge no creyente a volver a Jesús, volver a la iglesia y regresar a un matrimonio fuerte.

Ann y su esposo Howard (cuya historia compartí en el capítulo 16) son un ejemplo de esto. De hecho, cuando Howard cayó de nuevo en el pecado, Ann nunca vaciló en su compromiso con Cristo y la iglesia. Sin embargo, aunque ella rehusó seguir con el engaño de Howard, no le juzgó. Más bien ella silenciosamente lo guió en la lucha por el arrepentimiento y un nuevo comienzo. En gran medida como resultado de la perseverancia de Ann, ambos fueron restaurados: el matrimonio de ellos y la fe de Howard.

La verdadera fidelidad
no es meramente la ausencia de adulterio

Aunque Dios odia el divorcio, él también juzgará a cada matrimonio sin amor o muerto, y esto debería ser una advertencia para cada uno de nosotros. ¿Cuántos hemos tenido el corazón frío o sin cariño hacia nuestra pareja alguna que otra vez? ¿Cuántos miles de parejas, en lugar de amarse el uno al otro, meramente conviven? La verdadera fidelidad no es simplemente la ausencia de adulterio. Tiene que ser un compromiso de alma y corazón. Cada vez que el esposo y la esposa carecen de compromiso el uno por el otro, viven vidas paralelas, o llegan a ser extraños entre sí, la separación y el divorcio merodean a la vuelta de la esquina.

Es la tarea de cada iglesia luchar el espíritu de adulterio cada vez que éste levanta la cabeza. Aquí no solo estoy hablando de adulterio como un acto físico; en un sentido, cualquier cosa dentro de un matrimonio que debilita el amor, la unidad y la pureza, o entorpece el espíritu de mutua reverencia, es adulterio, porque alimenta el espíritu de adulterio. Es por eso que Dios habla de la infidelidad del pueblo de Israel como adulterio (Mal 2:10–16).

En el Antiguo Testamento, los profetas usan la fidelidad en el matrimonio como una imagen del compromiso de Dios con Israel, su pueblo escogido —su prometida (Os 3:1)—. De la misma forma, el apóstol Pablo compara el matrimonio con la relación de unidad entre Cristo, el novio, y la iglesia, la prometida. Solo en el espíritu de estas imágenes bíblicas podemos claramente considerar el asunto del divorcio y del casarse de nuevo.

Cuando una iglesia falla en alimentar los matrimonios de sus propios miembros, ¿cómo puede reclamar inocencia cuando estos matrimonios se desbaratan? Cuando la iglesia huye de testificar que «lo que Dios ha unido, nadie lo puede separar», ¿cómo puede esperar que sus miembros casados permanezcan comprometidos de por vida?

Al considerar estas preguntas hay dos trampas que debemos evitar. Primero, nunca podemos estar de acuerdo con el divorcio; segundo, nunca debemos tratar a aquellos que lo sufren con legalismo o rigidez. Al rechazar el divorcio, no podemos rechazar a la persona divorciada, incluso si se ha casado de nuevo. Siempre debemos recordar que aunque Jesús habla duramente contra el pecado, a él nunca le falta la compasión. Pero porque anhela redimir y sanar a cada pecador, él exige arrepentimiento de todo pecado. Esto también es cierto para todo matrimonio roto.

En efecto, nunca debemos juzgar. Al mismo tiempo, sin embargo, tenemos que ser fieles a Cristo sobre todas las cosas. Tenemos que abrazar toda su verdad —no solo esas partes que parecen ser adecuadas a nuestras necesidades (Mt 23:23–24)—. Por eso es que mi iglesia no casa a miembros divorciados (por lo menos en tanto un primer cónyuge esté aún vivo) y por eso no podemos aceptar parejas de divorciados y casados de nuevo como miembros, en tanto que ellos continúen viviendo juntos como esposo y esposa. El casarse de nuevo complica el pecado de divorcio y descarta la posibilidad de la reconciliación con el primer cónyuge. Nosotros asumimos la postura de la fidelidad para toda la vida en el matrimonio. Ninguna otra postura es consistente con el amor verdadero y la honestidad.

Se necesita redescubrir el significado del compromiso en el matrimonio. Estamos solo comenzando a confrontar el daño que el divorcio les hace a nuestros niños. Para los niños abandonados por los adultos, el divorcio es algo que no simplemente se «supera». Estudios tras estudios demuestran que la mayoría de niños cuyos padres se han divorciado viven preocupados, no desarrollan su potencial y se menosprecian a sí mismos. Incluso, diez años después que sus padres rompieron su relación, ellos aún sufren de problemas emocionales tales como miedo, depresión y comportamiento antisocial.

Las familias adoptivas no proveen una respuesta. La estructura de la familia original no puede ser restaurada, aunque uno trate de imitarla con mucho trabajo. De hecho, los niños que siguen viviendo con padres adoptivos por lo común muestran más inseguridad que aquellos en hogares de un solo padre.[42] Una generación de niños está creciendo sin padres que se comporten como verdaderos modelos —y muchos niños no tienen verdaderos padres en absoluto—. A pesar de lo bien intencionados que pueden ser muchos de los jóvenes hoy en día, ¿dónde podrán encontrar apoyo cuando sea tiempo de casarse y comenzar una familia?

Con Dios todas las cosas son posibles

Desde luego, si el divorcio tiene que evitarse, la iglesia tiene que ofrecer a sus miembros orientación y apoyo práctico mucho antes de que sus matrimonios se derrumben (Heb 10:24; 12:15). Tan pronto como haya indicaciones de que un matrimonio está en riesgo, es mejor ser honesto y sacarlo a la luz. Una vez que una pareja se está separando, les puede tomar espacio así como también tiempo el encontrar de nuevo, juntos, el corazón del otro. En una situación como ésta, así como en una donde un cónyuge es un abusador, una separación temporal puede ser necesaria. Cuando este es el caso, especialmente, la iglesia debe encontrar medios concretos para ayudar a ambos cónyuges —primero a buscar arrepentimiento y luego en encontrar la mutua confianza y perdón necesarios para restaurar el matrimonio—.

Es triste que en la sociedad de hoy, la fidelidad sea tan escasa que ha terminado siendo vista como una virtud «heroica». ¿No debiera ser dada por sentada como la roca sólida de nuestra fe (Gál 5:22)? Como seguidores de Cristo, ¿no debiéramos cada uno de nosotros estar dispuestos a mantenernos, en las buenas y en las malas, hasta la muerte, unidos a Cristo, a su iglesia y a nuestro esposo o esposa? Solo con esta resolución podremos esperar permanecer fieles a nuestros votos matrimoniales.

El camino del discipulado es un camino estrecho, pero a través de la cruz cualquiera que oye las palabras de Jesús puede ponerlas en práctica (Mt 7:24). Si la enseñanza de Jesús en cuanto al divorcio y el casarse de nuevo es difícil, lo es solo porque demasiadas personas en nuestro tiempo ya no creen en el poder del arrepentimiento y el perdón. Lo es porque nosotros ya no creemos que lo que Dios une, por su gracia, puede mantenerse junto; y que, como Jesús dice, «Con Dios, todas las cosas son posibles».

Nada debe sernos demasiado duro cuando se trata de una exigencia de los evangelios (Mt 11:2–30). Si miramos las enseñanzas de Jesús en cuanto al divorcio y al casarse de nuevo en esta fe, veremos que es una de gran promesa, esperanza y fuerza. Es una enseñanza cuya justicia es mucho más grande que la de los moralistas y filósofos. Es la justicia del reino, y está basada en la realidad de la resurrección y de la vida nueva.

19

Por tanto estemos vigilantes

*La noche está muy avanzada y ya se acerca el día.
Por eso, dejemos a un lado las obras de la oscuridad y pongámonos la armadura de la luz. Vivamos
decentemente, como a la luz del día, no en orgías
y borracheras, ni en inmoralidad sexual y liber-
tinaje, ni en disensiones y envidias. Más bien,
revístanse ustedes del Señor Jesucristo, y no se
preocupen por satisfacer los deseos de la naturaleza pecaminosa.*

Romanos 13:12–14

A PESAR DE LA DESFACHATEZ y promiscuidad de
nuestro tiempo, la pureza y el amor fiel son aún posibles
hoy en día. Por cierto, aunque muchas iglesias hayan des-
atendido la proclamación del mensaje de que la felicidad
sexual solo es posible en el compromiso del matrimonio, nosotros aún podemos estar seguros de su verdad.
No cabe duda de que muchas personas hoy tienen un
hondo anhelo de pureza y fidelidad. Pero anhelar no
es suficiente. Solo cuando estemos dispuestos a seguir
y obedecer la guía del Espíritu Santo, sin importar el
costo, podremos experimentar sus grandes bendiciones
en nuestra vida diaria. ¿Creemos suficientemente en el
poder del Espíritu Santo? ¿Estamos dispuestos a dejar

que Dios transforme nuestro corazón tan completamente que él transforme nuestra vida (Rom 12:2)?

La lucha por pureza demanda resolución diaria

Todos experimentamos la tentación, y todos hemos cedido a ella. Todos hemos fallado en un momento u otro —en nuestras relaciones en el trabajo y en el hogar, en nuestro matrimonio y en nuestra vida personal—. Lo más pronto que enfrentemos esto, mejor. Sin embargo, podemos sentirnos alentados aun si luchamos con altibajos y si nuestros momentos de victoria son seguidos por momentos de duda. De hecho, Jesús fue tentado, y él fue tentado del mismo modo en que nosotros lo somos (Heb 4:15). Con su ayuda podemos encontrar la pureza que nos protege de toda tentación. Santiago dice: «Dichoso el que hace frente a la tentación» (St 1:12 RVC). Lo que importa aquí es la voluntad más honda de nuestro corazón —la voluntad que habla en nosotros cada vez que nos ponemos delante de Dios en oración—.

Mientras luchamos por ser fieles, reviste la más grande importancia que nuestra voluntad completa se decida por la pureza. Un corazón dividido nunca será capaz de estar firme (St 1:6–7). Pero el poder de la voluntad por sí mismo no puede provocar resolución decidida. Si nosotros mismos nos metemos en un frenesí interior, aún si lográramos mantener nuestra cabeza arriba del agua, pronto nos cansaríamos y nos hundiríamos. Solo si nos entregamos a Jesús, puede el poder de su gracia llenarnos y darnos nueva fuerza y resolución.

Al combatir el espíritu de nuestra época, debemos pelear no solo contra los evidentes pecados de inmoralidad sexual, engaño, asesinato, etc., sino también contra la apatía y el temor. Difícilmente alguien dirá que está contra la fidelidad y el amor, u opuesto a la justicia y a la paz, pero ¿cuántos de nosotros estamos listos a luchar por esas cosas en palabras y en los hechos? El espíritu de nuestro tiempo nos ha atontado con tal mortal complacencia que estamos usualmente contentos con mirar a otro lado. Pero si no nos manifestamos contra el mal de nuestro tiempo a través de acciones en nuestra vida, entonces somos tan culpables como aquellos que pecan deliberadamente. Todos tenemos que cambiar, y tenemos que comenzar confrontando la indiferencia en nuestra propia vida.

Hace poco más de medio siglo, la mayoría de la gente reconocía el sexo extra-marital, el divorcio, la actividad homosexual y otras cosas parecidas como moralmente malas. Pero hoy estas cosas son consideradas como alternativas de estilos de vida aceptables. Tristemente, un número creciente de iglesias han tomado también esta postura. Ahora, la bestialidad (el sexo con animales), la poligamia y las relaciones poli-amorosas, y el sadomasoquismo están ganando apoyo como medios de «expresión sexual». Hace solo pocas décadas, ser transexual —la práctica de someterse a cambios quirúrgicos de sexo masculino a femenino o viceversa— era algo inaudito. Hoy esta práctica impía ha llegado a ser aceptada ampliamente en el mundo occidental. Solo el enorme costo de estas cirugías es un crimen contra la humanidad, cuando uno piensa en el hambre y la pobreza expandidas en el mundo subdesarrollado y aun en nuestras propias ciudades.

Tan aterradoras como pueden ser estas tendencias, los padres no deben temer advertir a sus hijos acerca del horror de estas perversiones. Aunque Jesús dice que todo pecado puede ser perdonado, mi experiencia en la consejería me ha mostrado que aquellos que se dedican a tales prácticas pueden herir permanentemente su alma.

¿Que ha de pensar Dios de la vergüenza de nuestro tiempo? En *Los hermanos Karamazov*, Dostoyevski nos recuerda que «si Dios no existe, todas las cosas son permitidas». ¿No estamos viendo hoy «de todo»? ¿Cuándo nos detendremos a considerar el horripilante espíritu de rebelión detrás de nuestra pecaminosidad y a recordar las advertencias de Dios acerca de su ira contra los pecadores al final de los tiempos? Recordemos las palabras de Pablo: «No se engañen: de Dios nadie se burla. Cada uno cosecha lo que siembra» (Gál 6:7). Pidamos a Dios un juicio misericordioso antes de que sea demasiado tarde. Pidámosle que sacuda nuestra conciencia entorpecida, que nos limpie y que nos traiga nueva vida.

Hoy necesitamos desesperadamente más personas como Juan el Bautista. ¿Pero dónde están? ¿Dónde están «las voces en el desierto» llamando al arrepentimiento, la conversión, la fe y a una vida nueva? El mensaje de Juan fue sencillo: «¡Arrepiéntanse porque el reino de Dios está cerca!» Él no tuvo miedo de enfrentar a cualquiera, incluyendo a los líderes de su tiempo. Incluso confrontó al rey Herodes en su matrimonio adúltero diciendo: «La ley te prohíbe tenerla por esposa» (Mt 14:3-4). Quizás lo más trascendental, sin embargo, es que les pidió cuentas a personas devotas y religiosas, a la gente «buena»: «¡Camada de víboras! ¿Quién les dijo que podrán escapar del castigo que se acerca? Produzcan frutos que demuestren arrepentimiento» (Mt 3:7–8).

En la lucha por el reino de Dios las buenas obras no son suficientes

En el Evangelio de Mateo, Jesús dice a sus discípulos: «La cosecha es abundante, pero son pocos los obreros» (Mt 9:7). ¡Cuán cierto es esto hoy en día! Muchas personas anhelan la libertad de Cristo pero permanecen encadenadas a sus pecados. Muy pocas personas se atreven a dar la cara. La tarea es grande.

Muchos de nosotros tenemos buenas intenciones; deseamos seriamente hacer buenas obras y vivir correctamente. Pero eso no es suficiente. Atrevámonos a recordar que la batalla del reino de Dios no es solo contra la naturaleza humana; estamos tratando con algo mucho más poderoso, con poderes y principados (Ef 6:12) y con los poderes destructivos, espíritus demoníacos que Juan llama la «la bestia del abismo» (Ap 11:7).

Esta bestia domina sobre cada país y cada gobierno, y su marca se encuentra doquiera en nuestro tiempo: en la desaparición de amistad duradera y de la comunidad, en la opresión del pobre y en la explotación de las mujeres y los niños. Se halla en el gran número de asesinatos de bebés no nacidos y en la ejecución de los prisioneros. Sobre todo, puede ser vista en la desesperación solitaria de tantos millones de personas.

Vivimos en los últimos tiempos. Es la última hora (1 Jn 2:18). Tenemos que estar vigilando continuamente para que no vayamos a caer en la última hora de tentación. Tenemos que buscar la fuerza interior y el coraje para hablar de Dios y su causa, aun si nadie parezca dispuesto a escucharnos.

La parábola de Jesús acerca de las diez vírgenes debe ser una advertencia y un desafío para todos nosotros. Jesús no está hablando aquí del mundo perdido por un lado, y de la iglesia por el otro. Todas las diez mujeres en la historia son vírgenes, y todas están preparadas para encontrarse con él. Él está cuestionando a la iglesia:

El reino de los cielos será entonces como diez jóvenes solteras que tomaron sus lámparas y salieron a recibir al novio. Cinco de ellas eran insensatas y cinco prudentes. Las insensatas llevaron sus lámparas, pero no se abastecieron de aceite. En cambio, las prudentes llevaron vasijas de aceite junto con sus lámparas. Y como el novio tardaba en llegar, a todas les dio sueño y se durmieron. A medianoche se oyó un grito: «¡Ahí viene el novio! ¡Salgan a recibirlo!» Entonces todas las jóvenes se despertaron y se pusieron a preparar sus lámparas. Las insensatas dijeron a las prudentes: «Dennos un poco de su aceite porque nuestras lámparas se están apagando». «No —respondieron éstas—, porque así no va a alcanzar ni para nosotras ni para ustedes. Es mejor que vayan a los que venden aceite, y compren para ustedes mismas». Pero mientras iban a comprar el aceite llegó el novio, y las jóvenes que estaban preparadas entraron con él al banquete de bodas. Y se cerró la puerta. Después llegaron también las otras. «¡Señor! ¡Señor! —suplicaban—. ¡Ábrenos la puerta!» «¡No, no las conozco!», respondió él. Por tanto —agregó Jesús—, manténganse despiertos porque no saben ni el día ni la hora (Mt 25:1–13).

¿Estamos dispuestos a demostrar que existe un nuevo camino?

No podemos escaparnos simplemente del desafío del pecado. Más bien, debemos vivir una protesta activa contra todas las cosas que se oponen a Dios. Tenemos que luchar abiertamente contra todas las cosas que envilecen o destruyen la vida, todas las cosas que conducen a la separación y la división. Pero también debemos reconocer que solo la protesta, que a menudo lleva a la violencia, no es suficiente. Renunciar simplemente al mundo, rechazar el matrimonio, o rehusar a todos los placeres sería infructuoso.

Tenemos que demostrar que existe un nuevo camino y enseñar al mundo una nueva realidad, la realidad de la justicia y santidad de Dios, que está opuesta al espíritu de este mundo. Tenemos que mostrar con nuestra vida que los hombres y las mujeres pueden vivir vidas de pureza, paz, unidad y amor donde quiera que ellos dediquen sus energías a trabajar por el bien común; no solo creando comunidades espirituales, sino edificando una vida práctica de compartir. Sobre todo, debemos testimoniar el poder del amor. Cada uno de nosotros puede dar su vida a otros en un servicio de amor. Esta es la voluntad de Dios para los seres humanos (Jn 13:34–35).

Para demostrar esta voluntad de Dios, la iglesia tiene primero que tomar pasos concretos para formar una genuina contra-cultura sexual. Esto exige esfuerzo comprometido. Los programas de castidad no son suficientes. Los matrimonios y las familias continuarán rompiéndose a menos que la iglesia configure un tipo de vida de comunidad en términos totalmente diferentes.

Las familias cristianas, junto con sus ministros, necesitan comprometerse a vivir sus vidas personales y sociales en contraste con las maneras del mundo. A menos que nos relacionemos los unos con los otros en un plano diferente al del mundo, tenemos poco para protestar o para decir. Si vamos a ser serios en cuanto a alcanzar la pureza en este mundo, entonces necesitaremos sostenernos entre nosotros, como hermanos y hermanas responsables. Esto se aplica a la vida diaria: la manera como vestimos y lucimos, lo que permitimos en nuestro hogar, el modo como nosotros y nuestros hijos nos relacionamos con el sexo opuesto.

El testimonio visible de tal comunidad hará mucho más para convencer a nuestra sociedad que un millón de panfletos en abstinencia. Los ideales cristianos pueden ser explicados, pero los principios morales nunca son suficientes. Solo cuando el mundo ve una prueba viviente que una vida sexual cristocéntrica es posible —una donde la verdadera libertad va mano a mano con la reverencia y la responsabilidad— las personas acogerán tales valores y normas.

Sin embargo, donde quiera que la voluntad de Dios es vivida con coherencia, será mal comprendida y vista como una provocación (1 Pe 4:4). Dos mil años no han hecho a nuestro mundo actual más tolerante con el mensaje de Jesús que el mundo de su tiempo. Aquellos que no están dispuesto a aceptar su camino siempre estarán resentidos y aun rencorosos hacia quienes lo testimonian y un enfrentamiento con ellos es inevitable (Jn 15:18–20). Pero si nosotros, que afirmamos seguir a Cristo, tenemos miedo de vivir sus mandamientos porque tememos a la persecución, ¿quién lo hará? Y si no es la tarea de la iglesia el traer la luz de Cristo a las tinieblas del mundo, ¿de quién es?

Nuestra esperanza está en la venida del reino de Dios, que es la fiesta de la boda del cordero. Esperemos fielmente ese día. Cada palabra que digamos, cada cosa que hagamos, ha de estar inspirada e influenciada por nuestra expectación. Cada relación, cada matrimonio, debe ser un símbolo de eso. Jesús, el novio, está a la espera de una prometida preparada y esperando por él. Pero cuando él venga, ¿estaremos listos? ¿Seremos «una iglesia radiante, sin mancha ni arruga ni ninguna otra imperfección, sino santa e intachable» (Ef 5:27)? ¿O estaremos llenos de excusas (Lc 14:15–24)?

Nunca debemos temer el ridículo ni la burla que nuestro testimonio traerá sobre nosotros. Lo que nos fascina y nos impulsa debe ser el futuro de Dios —el maravilloso futuro de su reino— no las «realidades» presentes de la sociedad humana. Es Dios quien sostiene en sus manos la hora final de la historia, y cada día de nuestra vida debe ser una preparación para esa hora.

Notas

1. Para un resumen accessible de las investigaciones actuales sobre los efectos del sexo no-marital, léase *The Ring Makes All the Difference: The Hidden Consequences of Cohabitation and the Strong Benefits of Marriage*, por Glenn T. Stanton (Chicago: Moody Publishers, 2011).

2. Johann Christoph y Christoph Friedrich Blumhardt, *Now is Eternity* (Farmington, PA: Plough, 1999), 28. Christoph Friedrich Blumhardt (1842–1919) fue un pastor alemán, autor y socialista de inspiración religiosa.

3. Thomas Merton, *New Seeds of Contemplation* (New York: New Directions, 1972), 180.

4. Citado en Eberhard Arnold, *Love and Marriage in the Spirit* (Rifton, NY: Plough, 1965), 102.

5. Friedrich E. F. von Gagern, *Der Mensch als Bild: Beiträge zur Anthropologie*. 2nd ed. (Frankfurt am Main: Verlag Josef Knecht, 1955), 32. von Gagern (n. 1914) fue un psiquiatra católico alemán.

6. Friedrich Nietzsche, *Thus Spake Zarathustra*, trad. R. J. Hollingdale (London: Penguin Books, 1961), 95.

7. *Der Mensch als Bild*, 33–34.

8. Dietrich Bonhoeffer, *Ethics* (New York: Macmillan, 1975), 19.

9. *Der Mensch als Bild*, 58.

10. *Love and Marriage in the Spirit*, 152.

11. J. Heinrich Arnold, *Discipleship* (Farmington, PA: Plough, 1994), 42.

12. Eberhard Arnold, *Innerland* (Farmington, PA: Plough, 1999), 37.

13. Dietrich Bonhoeffer, *The Cost of Discipleship* (New York: Macmillan, 1958), 95–96.

14. Cf. John J. Friesen, trad. y ed., *Peter Riedemann's Hutterite Confession of Faith* (Traducción de la edición alemán de 1565 de *Confession of Our Religion, Teaching, and Faith By the Brothers Who Are Known as the Hutterites* (Scottdale, PA: Herald Press, 1999), 127.

15. *Discipleship*, 160–161.

16. Ernst Rolffs, ed., *Tertullian, der Vater des abendländischen Christentums: Ein Kämpfer für und gegen die Römische Kirche* (Berlin: Hochweg, 1930), 31–32.

17. Jean Vanier, *Man and Woman He Made Them* (New York: Paulist, 1994), 128.

18. Friedrich von Gagern, *Man and Woman: An Introduction to the Mystery of Marriage* (Cork, Ireland: Mercier, 1957), 26–27.

19. Exploro este tema en mi libro *Porque importan los niños* (Rifton, NY: Plough, 2012).

20. Johann Christoph and Christoph Friedrich Blumhardt, *Thoughts About Children* (Rifton, NY: Plough, 1980), 29. 21.

21. *Thoughts About Children*, 9.

22. *Discipleship*, 169.

23. *Discipleship*, 177–178.

24. Dietrich Bonhoeffer, *The Martyred Christian: 160 Readings* (New York: Collier Macmillan, 1985), 170.

25. Eberhard Arnold, *The Early Christians in Their Own Words* (Farmington, PA: Plough, 1997), 15.

26. *The Wall Street Journal*, 10 de diciembre de 1993.

27. Numerosos estudios, incluyendo aquellos llevados a cabo por *International Planned Parenthood*, concluyen que los adolescentes que han llevado cursos de educación sexual típica tienen más alto porcentaje de actividad sexual que aquellos que no han participado. Para más información sobre actividad sexual de adolescentes, véase Center for Parent/Youth Understanding, www.cpyu.org.

28. "Church report accepts cohabiting couples," *The Tablet*, 10 de junio de 1995.

29. Véase Andreas J. Kostenberger, *God, Marriage and Family* (Wheaton, IL: Crossway Books, 2004). El capítulo 10 tiene un excelente resumen de la enseñanza bíblica sobre la homosexualidad.

30. Muchos argumentan también que como Jesús nunca habló en contra de las relaciones comprometidas del mismo sexo, éstas no tienen que ser pecaminosas. No es solo que es un argumento desde el silencio (Jesús nunca habló contra el incesto) sino que ignora el hecho de que Jesús, como un fiel judío, asumía sencillamente que el matrimonio era entre un hombre y una mujer (Mt 19:1–10). Para una refutación rigurosa de objeciones comunes contemporáneas a la enseñanza bíblica contra la homosexualidad, véase Robert A. J. Gagnon, *The Bible and Homosexual Practice: Texts and Hermeneutics* (Nashville: Abingdon, 2001).

31. Sherif Girgis, Robert P. George, y Ryan T. Anderson, *What is Marriage? Man and Woman: A Defense* (New York: Encounter Books, 2012).

32. Un libro hermosamente escrito y honesto acerca de lo que significa vivir con atracciones hacia personas del mismo sexo es el de Wesley Hill's, *Washed and Waiting: Reflections on Christian Faithfulness and Homosexuality* (Grand Rapids, MI: Zondervan, 2010).

33. Eberhard Arnold, *God's Revolution* (Farmington, PA: Plough, 1992), 151.

34. Exploro esto más profundamente en *Su nombre es hoy: Recuperando la niñez en un mundo hostil* (Walden, NY: Plough, 2014).

35. Stanley Hauerwas, *Unleashing the Scripture: Freeing the Bible from Captivity to America* (Nashville: Abingdon, 1993), 131.

36. Madre Teresa, *Palabras en el Desayuno de Oración Nacional*, Washington DC, 3 de febrero de 1994.

37. Michael J. Gorman, *Abortion and the Early Church: Christian, Jewish, and Pagan Attitudes in the Greco-Roman World* (New York: Paulist, 1982), 47–62.

38. *Ethics*, 164.

39. *Innerland*, 116–117.

40. Frederica Mathewes-Green, "Perspective," *The Plough* 56 (Spring 1998), 33.

41. Si el divorcio y el casarse de nuevo nunca están justificados, entonces ¿por qué Jesús permite la infidelidad matrimonial como una excepción (Mt 5:32; 19:9)? Sin entrar en muchos detalles, se puede decir dos cosas. Primero, en tiempos de Jesús un esposo, por la ley judía, debía divorciarse de una esposa adúltera (Mt 1:9). Así, en Mateo 5:32, Jesús dice que un hombre que divorcia a su esposa infiel (lo que la ley requiere que él lo haga) no es responsable, por esta acción, por el adulterio de ella. En cualquier otra clase de divorcio, sin embargo, él es culpable, él es el adúltero. Esto no quiere decir que el divorcio es aún justificable o requerido. Cuando volvemos a Mt 19:9, la excepción de infidelidad marital se debe entender solo para aplicar al divorcio y no para casarse de nuevo.

42. *Why Marriage Matters, Third Edition: Thirty Conclusions from the Social Sciences* (New York: Institute for American Values, 2011).

Sobre el autor

MUCHAS PERSONAS han encontrado valiosos consejos de parte de Johann Christoph Arnold, galardonado autor con más de un millón de ejemplares de libros impresos, en más de 20 idiomas.

Destacado conferencista y escritor sobre matrimonio, la crianza de los hijos, la educación y la senectud, Arnold fue pastor principal del Bruderhof, movimiento de comunidades cristianas, hasta su muerte en abril de 2017.

El mensaje de Arnold tomó forma a partir de encuentros con grandes pacificadores como Martin Luther King Jr., la Madre Teresa, Dorothy Day, César Chávez y Juan Pablo II. Junto con Steven McDonald, un oficial de policía paralítico, Arnold comenzó el programa Breaking the Cycle (Rompiendo el ciclo), que trabaja con estudiantes en cientos de escuelas públicas para promover la reconciliación a través del perdón.

El autor saluda al Papa Francisco y le entrega una copia de *Dios, sexo y matrimonio* antes de pronunciar un discurso delante de un congreso internacional e interreligioso sobre el matrimonio, noviembre 2014.

Este trabajo también lo llevó a zonas de conflicto, desde Irlanda del Norte y Ruanda hasta el Oriente Medio. Muy cerca de su casa, sirvió como capellán en el departamento de policía local.

Arnold nació en Gran Bretaña en 1940, hijo de refugiados alemanes. Pasó sus años de infancia en América del Sur, donde sus padres encontraron asilo durante la guerra y emigró al estado de Nueva York, EEUU, en 1955. Él y su esposa tienen ocho hijos y muchos nietos y bisnietos.